Leander Walter · Er kannte Gott und die Welt

3,- €

Leander Walter

Er kannte Gott und die Welt

Ein Lebensbild von Hermann Hoffmann 1878–1972

benno VERLAG

Die Deutsche Bibliothek – CIP-Einheitsaufnahme

Walter, Leander:
Er kannte Gott und die Welt : ein Lebensbild von
Hermann Hoffmann ; 1878 – 1972 / Walter Leander. –
1. Aufl. – Leipzig : Benno-Verl., 1992
ISBN 3–7462–0554–9

ISBN 3–7462–0554–9

1. Auflage 1992
Gesamtgestaltung: Rudolf Uhlisch, Leipzig
Gesamtherstellung: Cordier Satz + Druck, Heiligenstadt

Dem Andenken meiner Eltern

Maria Walter geb. Gilles
geboren am 30. Juli 1897 in Höchst am Main
gestorben am 16. Dezember 1932 in Leipzig

Maria Walter geb. Todt
geboren am 19. August 1898 in Hildesheim
gestorben am 20. Oktober 1979 in Wiesbaden

Joseph Walter
geboren am 22. Januar 1897 in Oestrich/Rheingau
gestorben am 20. Mai 1963 in Wiesbaden

Inhalt

Vorwort

Von November 1959 bis Januar 1965 war ich Kaplan in der Propstei-Pfarrei St. Trinitatis in Leipzig. Hier lernte ich Professor Hermann Hoffmann kennen und schätzen. Als der jüngste katholische Priester im Una-Sancta-Kreis habe ich ihn, zusammen mit meinem verehrten Propst, Prälat Ernst Pfeiffer († 1991), zu diesen und anderen Veranstaltungen im Auto abgeholt und war begeistert auch von der privaten Seite dieses Mannes, auf den das Wort „liebenswürdig" wie selten zutraf.
Er war mir Beispiel und Vorbild für menschliches und priesterliches Ethos.
Alljährlich stellt das Philosophisch-Theologische Studium in Erfurt eine zweifache Preisaufgabe. Für 1981/82 lautete das zweite Thema: Ökumenische Theologie „Hermann Hoffmann (1878–1972) – ein Wegbereiter ökumenischen Denkens und Handelns". Als ich erfuhr, daß dieses Thema keine Bearbeitung gefunden hatte, habe ich mich aus großer Dankbarkeit verpflichtet gefühlt, ein Lebensbild von Hermann Hoffmann zu zeichnen.

Leander Walter

Bad Schandau, Pfingsten 1989

I.
Weichenstellung fürs Leben

In seinem zweiten Priesterjahr wurde Hermann Hoffmann Kaplan in Liegnitz. Eine seiner Hauptaufgaben war die Erteilung des Religionsunterrichtes in den Schulen. Eines Tages teilte ihm der Rektor der katholischen Ritterschule mit, daß drei Geschwister aus der Schule abgemeldet und in einer evangelischen Schule angemeldet worden seien.
Der junge Kaplan machte einen Hausbesuch, um den Grund des Konfessionswechsels zu erfahren. Die kinderreiche Familie bewohnte ein einziges großes Zimmer. Die Mutter stand am Waschtrog und empfing ihn mit den Worten: „Ich weiß schon, warum Sie kommen, den Weg hätten Sie sich sparen können. Ich war unglücklich verheiratet, mein Mann war ein Säufer, am Freitag, das war der Lohntag, wurde der größte Teil seines Lohnes schon versoffen, manchmal alles. So kam er nach Hause. Wie oft hat er mich vor meinen Kindern geschlagen und richtig verhauen. Die Kinder schrien und verkrochen sich in ihrer Angst im Bett oder unter dem Bett. Da ist kein Kaplan oder Pfarrer zu uns gekommen. Aber es zog eine neue Familie neben unsere Stube ins Haus. Das waren Baptisten, gute Leute. Die merkten sofort, was uns fehlte. Der Mann fragte uns am Sonnabend, was wir am Sonntag machen, und sagte, er gehe mit seiner Frau spazieren, ob wir nicht mitkommen möchten. Und wir taten es. Das war der erste nüchterne Sonntag in unserer Ehe, und der Baptist gab meinem Mann keine Ruhe, sonntags waren beide Familien zusammen. Am Lohntag holte der Baptist meinen Mann im Betrieb ab und führte ihn nach Hause. Die Baptisten trinken keinen Alkohol, und diese Baptistenfamilie hat meinen Mann und unsere Familie gerettet! Dafür bin ich ihm ewig dankbar. Und aus Dankbarkeit habe ich meine Kinder in die Schule geschickt, in die die Baptistenkinder gehen."
Hermann Hoffmann bekannte in seinen Lebenserinnerungen: „Ich kann nicht sagen, wie sehr ich mich geschämt habe. Da ist kein Kaplan oder Pfarrer zu uns gekommen. Das Wort brannte sich mir tief in die Seele. Zunächst wurde ich selber abstinent und habe seit diesem Treffen im Jahre 1903 bis heute nie mehr alkoholische Getränke zu mir genommen. . ."
Warum steht diese Episode am Anfang eines Lebensbildes von Hermann Hoff-

mann? An diesem Beispiel leuchtet eine Haltung auf, die wie ein roter Faden sein Leben durchzog. Er ließ sich ansprechen von den Problemen, auf die er stieß, und gab eine persönliche Antwort. Konfrontiert mit dem Übel des Alkoholismus wurde er selbst abstinent „nicht aus Begeisterung, sondern eher aus Scham und Reue, daß meine Liebe zu anderen und meine Pflicht, Gefährdeten durch Wort und Beispiel zu helfen, so unentwickelt gewesen war".

Und eine zweite Besonderheit seines priesterlichen Verantwortungsbewußtseins wurde bei diesem Anlaß 1903 in Sachen Alkoholismus deutlich: Er begnügte sich nicht mit einer persönlichen Konsequenz. Er sah den Einzelfall im großen Zusammenhang und engagierte sich für generelle Lösungen, die ihn weit über seinen unmittelbaren Wirkungskreis hinaus in ganz Deutschland und Europa Kontakte suchen und finden ließen.

Damals gab es das katholische Kreuzbündnis gegen den Alkoholismus. Sofort wollte Hermann Hoffmann in Liegnitz eine Ortsgruppe gründen. Sein Pfarrer war wohlwollend, gab aber zu bedenken, daß er als Kaplan nur kurze Zeit an einer Stelle bleiben werde und nach seiner Versetzung alles wieder zusammenbrechen würde.

So wartete er, bis er 1906 seine erste selbständige Stelle antrat. Sein geschärfter Blick erkannte in der Großstadt Breslau die Notwendigkeit eines planvollen Kampfes gegen Alkoholmißbrauch und für die Trinkerrettung. Die erste Gruppe des Kreuzbündnisses in Schlesien wurde durch Hermann Hoffmann in Breslau gegründet.

Die Stadt hatte ein eigenes Amt für Trinkerrettung. Die Gruppe des Kreuzbündnisses übernahm die Nachsorge für die in Heilanstalten entwöhnten Trinker katholischen Glaubens nach deren Entlassung. Die Unterstützung dieser Arbeit durch den Caritasverband und die Zusammenarbeit mit der entsprechenden evangelischen Organisation „Blaues Kreuz" koordinierte der junge Kuratus auf Stadtebene mit den Bestrebungen des „Deutschen Vereins gegen den Alkoholismus". Es entstand ein Ausschuß aller am Kampf gegen den Alkoholismus interessierten Kreise. Sein „Komitee für besondere Unternehmungen" bestand aus drei Männern: Dem Internisten Prof. Dr. Rosenfeld, dem bekannten evangelischen Hygieniker Geheimrat Pfeifer von der Universität Breslau und dem noch nicht dreißig Jahre alten Priester Hermann Hoffmann.

Als am Ende des ersten Weltkrieges die sogenannte spanische Grippe über Jahre die Menschen beunruhigte, empfahlen viele Ärzte, sich dauernd unter Alkohol zu halten, das schütze vor Ansteckung.

Das Komitee lud die Ärzteschaft zu einer Besprechung dieser Ansicht ein. Hun-

derte von Medizinern kamen und hörten eine Widerlegung aus dem Munde von Geheimrat Pfeifer.
Der einzige Nicht-Mediziner in dieser Versammlung, Hermann Hoffmann, faßte die lange Diskussion in der Frage zusammen: „Wie erklärt sich der Widerspruch zwischen Theorie und Praxis? Die Wissenschaft warnt bei der Erkrankung vor dem Alkohol, die Ärzte aber empfehlen ihn bereits als Vorbeugung?"
Da sprang Geheimrat Pfeifer auf und schrie: „Weil die Ärzte selber saufen!"
Höhepunkt aller Bemühungen war der erste und einzige Kongreß gegen den Alkoholmißbrauch in Deutschland, der 1920 in Breslau stattfand. Dieser Kongreß war schon vor dem ersten Weltkrieg geplant, aber durch dessen Ausbruch aufgeschoben worden. Da der Geschäftsführer der vorbereitenden Kommission nach 1918 nicht nach Breslau zurückkehrte, übernahm Hoffmann diese Arbeit. Er lud die Regierungen, Lehrer, Ärzte, Unternehmer, Gewerkschaften und die Kirchen ein. Trotz Störversuchen durch die mit Freibier animierten Arbeiter der Breslauer Brauereien verlief der Kongreß erfolgreich. Voll Freude berichtete Hoffmann, daß er viele neue Freunde für den Feldzug gegen den Alkohol gefunden habe, darunter einen kommunistischen Reichstagsabgeordneten und den Vorsitzenden des Verbandes deutscher Krankenkassen.
1925 fand in Kiel die 36. Jahresversammlung des Deutschen Vereins gegen den Alkoholismus statt. Dort wurden auch Vorträge über die Beteiligung der Kirchen an dieser sozialen Arbeit gehalten. Hermann Hoffmann war eingeladen, für die katholische Kirche zu sprechen. Als erster kam Pastor Engelke zu Wort, der Direktor des Rauhen Hauses in Hamburg, das von Johann Hinrich Wichern († 1881) als Erziehungsanstalt der Inneren Mission für Waisen und Schwererziehbare gegründet worden war.
Direktor Engelke sagte unter anderem: „Unsere evangelische Kirche führt diesen Kampf nicht wie die katholische Kirche, damit der einzelne ein gutes Werk tue und dadurch sein Konto beim lieben Gott verbessere, sondern..." (den Gegensatz denke sich jeder selber).
Hermann Hoffmann begann seinen Vortrag mit einer Huldigung für Wichern, der durch seine caritative und soziale Tätigkeit anregend und beispielhaft auf viele, auch auf Katholiken, gewirkt habe. Als Neunzigjähriger urteilte Professor Hoffmann: „Man muß bedenken, daß im Jahre 1925 von Ökumene noch nicht die Rede war, und dabei fällt mir ein oder auf, daß es nicht falsch ist, wenn man mich zu den Pionieren der ökumenischen Bewegung zählt."
In diesem Kieler Vortrag übte er an der wenig aktiven Einstellung der katholischen Kirche zum Alkoholismus massive Kritik. Ebenso handelte er als Redakteur der Zeitschrift „Sobrietas" des Deutschen Priester-Abstinentenbundes. Die erste von

ihm herausgegebene Nummer von „Sobrietas“ trug den provozierenden Titel: „Der Priester-Abstinentenbund schläft!“ In seinen Lebenserinnerungen schrieb Hoffmann: „Es muß das eine eigene Hellsichtigkeit, Begabung oder Belastung bei mir gewesen sein,daß ich mit dem Vorhandenen nicht zufrieden sein konnte und ein geschärftes Auge für Mangelerscheinungen auch bei Katholiken und bei ihrer Kirche hatte.“

Eine unermüdliche Vortragstätigkeit in ganz Deutschland ließ den Breslauer Priester mit den unterschiedlichsten Persönlichkeiten bekannt werden, die auf diesem Gebiet führend tätig waren. 1923 war er zum internationalen Kongreß aller alkoholgegnerischen Verbände der Welt in Kopenhagen eingeladen. Dank seiner Kontaktfreudigkeit knüpfte er Beziehungen an zu Experten in aller Welt, die oft ein Leben lang andauerten. Auf diesem sozialen Sektor begann, was später für den Mann der Ökumene, der Friedensliebe und der Wissenschaft charakteristisch wurde und in dem ernstgemeinten Scherzwort seinen Niederschlag fand: Professor Hoffmann kennt Gott und die Welt!

Als der nächste Kongreß dieser Art 1926 in Dorpat, der Universitätsstadt in Estland, stattfand, war Hoffmann wieder dabei.

Die christlichen Teilnehmer veranstalteten zu Beginn der Tagung einen Gebetsgottesdienst in der evangelischen Universitätskirche, den der Initiator, der evangelische Bischof Rahamäi, als privatim bezeichnete. Daraus wurde eine ergreifende Feier vor einem zahlreichen internationalen Publikum. Mit der Begründung, er vertrete die älteste christliche Kirche, wurde der einzige katholische Teilnehmer, Hoffmann, von zwei evangelischen und einem orthodoxen Bischof sowie einem Vertreter der Freikirchen gebeten, in dieser Feier als erster das Wort zu ergreifen. Im Jahre 1926 war ein solcher ökumenischer Gottesdienst ein Novum und damit ein Wagnis sondergleichen.

Als der Kongreß eröffnet wurde, überbrachten die anwesenden Diplomaten Grußworte ihrer Regierungen. Der deutsche Botschafter in Estland sagte: „Wir alle haben heute etwas Ergreifendes und Einmaliges erlebt, ein gemeinsames Eröffnungsgebet für unseren Kongreß. Von all dem, was wir gehört haben, ist uns allen wohl nahe gegangen, was der Vertreter der katholischen Kirche über die Beweggründe zur Abstinenz gesagt hat: Man könne sich zur Abstinenz aus verschiedenen Gründen entschließen, z. B. wegen der Gesundheit, aber das Wichtigste sei doch, die Abstinenz als Vorbild und Beispiel für Gefährdete oder Gestrauchelte, aus Liebe und Verantwortung für sie .“

Natürlich gab es auch Kritik an der Gebetsstunde in der Universitätskirche zu Dorpat. Aber die lautere Gesinnung der fünf Prediger und Beter war offenkundig, der

Eindruck bei den Anwesenden so tief, daß von keiner Seite Kirchenleitungen alarmiert wurden, um konfessionelle Grenzen zu wahren.

Zum Problem Alkohol

Nach dem siegreichen Krieg gegen Frankreich 1870/71 entstand das Deutsche Kaiserreich. Ein großer Aufschwung in Wirtschaft und Technik waren die Folge. Die Genußsucht nahm zu. In diesem Jahrhundert kam neben der Kornbrennerei (seit dem 16. Jahrhundert) die Kartoffelbrennerei auf, und Branntwein wurde so billig, daß sich der einfachste Mann eher ein Glas Schnaps als ein sonstiges Getränk leisten konnte. Zugleich bemächtigte sich das Großkapital der Alkoholproduktion und steigerte durch geschickte Werbung den Umsatz von Jahr zu Jahr. Der Staat unternahm nichts, denn die auf dem Alkohol liegenden Steuern sicherten ihm große und ständig steigende Einnahmen. Um die Jahrhundertwende kam ein Begriff auf, der Ursache und Wirkung in einem Wort zusammenfaßte „Elendsalkoholismus".
In dieser Situation gründete der Kaplan Joseph Neumann († 1912 als Dominikanerpater Anno) 1896 in Aachen das „Katholische Kreuzbündnis" als katholische Selbsthilfegemeinschaft im Kampf gegen den Alkohol. Er hatte bereits im Jahr zuvor auf dem Katholikentag in Aachen eine planmäßige Abwehrarbeit der deutschen Katholiken gegen den Alkoholismus gefordert. Es ging ihm besonders um Hilfe für zehntausende katholische Familien, die durch die Trunksucht eines Elternteils in größte wirtschaftliche und moralische Not geraten waren. Der Versuch scheiterte, im Kreuzbündnis drei Arten von Mitgliedern zu vereinen: Mäßige, Schnapsabstinente und Totalabstinente. Ab 1904 galten nur noch Totalabstinente als Mitglieder.
1901 wurde die erste katholische Trinkerheilstätte Deutschlands in Essen-Heidhausen eröffnet. Da Patres des Kamillianerordens die Leitung übernahmen, erhielt sie den Namen St. Kamillus-Haus. 1903 folgte die erste katholische Frauenheilstätte, das St. Annahaus in Mündt bei Tietz, Kreis Jülich. 1908 wurde in Wasserberg das Marienhaus für Frauen und 1908 in Tarnowitz/OS eine weitere Heilstätte eröffnet. 1905 schloß sich der Franziskanerpater Elpidius (Wilhelm) Weiergans († 1946) dem Kreuzbündnis an. Seine Männerpredigten zum Thema Alkohol, besonders bei Volksmissionen, begründeten unter anderem das rasche Wachstum des Kreuzbündnisses (1909 = 5487, 1912 = 48 535 erwachsene Mitglieder). Dazu kamen die im Schutzengelbund (jetzt Aufrechtenapostolat) erfaßten Kinder (1910 = 26 524, 1913 = 151 609, später bis zu 400 000).
Um Gegengewichte zu schaffen, wurden „Volkskaffeehallen" gegründet. Man warb

für Süßmoste. Die Pfarrer Häussler, Ladenburg und Lott von Waldbüttelbrunn bei Würzburg fuhren zur Zeit der Beerenernte mit ihrer „Süßmostkanone" in die Dörfer, um die Obstsäfte ohne Vergärung haltbar zu machen. Eine Gasthausreform kam in die Diskussion: kein Trinkzwang zu einem Mittagessen, Vereinsveranstaltungen in Gasthöfen ohne Ausschank von Alkohol, kein Verkauf von Alkoholika an Jugendliche. Mit diesen Themen mußte sich nun die Öffentlichkeit auseinandersetzen.

Bernhard Strehler († 1945) begründete 1913 in Neiße, dem „schlesischen Rom", mit einigen Kreuzbündlern den „Heimgarten" als ein Zentrum katholischer Volksbildung. 1923 waren es Ernst Laslowski († 1961) und Clemens Neumann († 1928), die mit Unterstützung von Quickborn das Heimgartenwerk fortführten und 1926 einem Neubau den Namen Dr.-Bernhard-Strehler-Haus gaben. Die Heimvolkshochschule verstand sich als eine Lebensschule nach dem Muster der in Dänemark entstandenen Volkshochschulen. 17- bis 25jährige wurden für 3–5 Monate aufgenommen und in Arbeitsgemeinschaften zu selbständigem Urteilen und Denken angeleitet. Daneben gab es musische, soziale und staatsbürgerliche Kurse sowie die jährliche „Ostdeutsche Hochschulwoche" mit 400–500 Teilnehmern. Einer der Referenten war Hermann Hoffmann. – Weitere Häuser des Kreuzbundes entstanden in Neiße-Neuland/OS und Gelsenkirchen-Ückendorf.

1917 fand der erste katholische Kongreß für alkoholfreie Jugenderziehung in Essen statt, 1926 die erste Tagung der internationalen Liga gegen den Alkoholismus in Haus Hoheneck.

Ein Markstein war die zu Pfingsten 1924 erfolgte Einweihung von „Haus Hoheneck" in Essen-Heidhausen als Sitz des Kreuzbündnisses. Die Bundesgeschäftsstelle übersiedelte 1929 nach Berlin, 1944 nach Eisleben zu Pfarrer Wiemer, 1945 nach Büren/Westfalen und 1951 nach Hamm, Rietzgartenstr. 1 und ab 1957 in die Jägerallee, wo der traditionelle Name „Haus Hoheneck" wieder aufgenommen wurde. Der heutige offizielle Titel ist „Katholische Sozialethische Arbeitsstelle", Arbeitsstelle der Deutschen Bischofskonferenz.

Die Tatsache, daß im Dritten Reich der Kreuzbund im Rahmen des Konkordates in Sonderstellung weiterarbeiten konnte, unterstrich die Wichtigkeit dieses Arbeitsgebietes.

Nunmehr lautete die Bezeichnung „Johannes- und Aufrechtenapostolat".

Heute besteht in Deutschland der 1917 vom Kreuzbund gegründete Hoheneck-Verlag GmbH, der neben anderen Schriften zu Suchtfragen auch Monatsschriften herausgab und -gibt wie „Volksfreund", „Johannesfeuer", „Die Aufrechten" und „Sobrietas".

1927 fand der Kreuzbund die Anerkennung durch die Fuldaer Bischofskonferenz als „Reichsverband abstinenter Katholiken". Seine Arbeit wurde gewürdigt in einem gemeinsamen Hirtenwort aller deutschen Bischöfe.

II.
Als Religionslehrer

Hoffmann kam 1906 nach Breslau, und mit dieser Stadt verbanden sich nun 42 Jahre seines Lebens. Dem neuernannten Kuratus bei St. Antonius oblag auch die Seelsorge im Altersheim der Elisabetherinnen. Zugleich wurde er Bezirkspräses der katholischen Arbeitervereine. Kardinal Kopp entsandte ihn 1907 als seinen Vertreter zur Teilnahme am Kongreß des Verbandes der christlichen Gewerkschaften in Breslau. Er war ein „sozialer Pastor", wie Kaiser Wilhelm II. verächtlich gesagt hatte.
Ebenfalls 1907 begann Hoffmann zunächst vertretungsweise, im folgenden Jahr als ordentlicher Religions- und Oberlehrer eine zwanzigjährige Tätigkeit im Schuldienst. Diese wurde durch den ersten Weltkrieg unterbrochen.
Er wurde als Divisionspfarrer eingezogen. Nach dem Krieg nahm er die Lehrtätigkeit am größten katholischen Gymnasium in Schlesien, dem Breslauer Matthias-Gymnasium mit etwa 700 Schülern wieder auf, ein Jahr später übernahm Hoffmann dieselbe Aufgabe auch am Viktoria-Gymnasium für Mädchen.
In der Erinnerung nannte sein ehemaliger Schüler Dr. Konrad Theiss Hoffmanns Unterricht „gläubig und tolerant, katholisch und weltoffen. Nebenbei lernte man beim ‚Popen', wie wir Pennäler ihn nannten, Hebräisch, Stenographie und Esperanto. Damit wollte er uns Jungen frühzeitig den Blick öffnen für die Weite der Welt, mit der wir nun korrespondieren konnten."
Hoffmann gab auch Beicht- und Kommunionunterricht, von dem er zu berichten wußte: „Ich berief bei diesem Unterricht jedesmal die Eltern zu einer Besprechung ins Gymnasium, um sie mir zu Helfern bei der Vorbereitung der Kinder zu machen. Dabei waren immer Kinder aus Mischehen, der evangelische Teil solcher Ehen beteiligte sich zahlreich an solchen Besprechungen. Ich habe immer gesagt, daß ich die Kinder solcher Ehen zu besonderer Dankbarkeit erziehe gegenüber dem evangelischen Vater oder der evangelischen Mutter, für die der Verzicht auf die Weitergabe des Bekenntnisses ein großes Opfer bedeutet hatte."
Hoffmann vertrat als einzelner unbeirrt gegen viele Widerstände seine ökumenischen und pädagogischen Vorstellungen. Die Gesamt-Kirche brauchte noch über fünfzig Jahre, um sich im II. Vatikanischen Konzil ähnlichen Einsichten zuzuwenden. Er war seiner Zeit in vielem ein Menschenalter voraus.

Der Grundsatz, nach welchem Hoffmann lebte, hieß: „Was du bist, sei ganz!" Er beschränkte sich nicht auf sein Fachgebiet, sondern bot die obenerwähnten fakultativen Nebenfächer an. Wie selbstverständlich nahm er an den geselligen Veranstaltungen des Lehrerkollegiums teil. Er arbeitete im Breslauer sowie dem Deutschen Philologenverein mit, ebenso im Wissenschaftlichen Verein Breslauer Philologen. Seine Freude am Wandern ließ ihn auf den Gedanken kommen, jeden Samstag am Schwarzen Brett der Schule zum Mitkommen einzuladen. Diese Ausflüge nach dem Mittag des Sonntages wurden schnell beliebt, auch Eltern beteiligten sich. Manchmal waren es hundert Wanderlustige, einmal, bei Regenwetter, nur einer. Hoffmann gelang es, 15 Kilometer von Breslau entfernt, in Malkwitz, ein Landheim zu erwerben. In einer Schülerversammlung wurde die Vereinigung „Wanderfreund" gegründet. Für sie wurde in der Schule ein eigenes Lesezimmer eingerichtet und betreut. Hoffmann und andere Lehrer stellten Zeitschriften zur Verfügung. Der „Wanderfreund" gab monatlich eine eigene Schülerzeitschrift heraus mit dem Namen „Matthesia". Ein Artikel gab zum Beispiel eine Bastelanleitung: Ein Fernrohr für 1 Mark.

Über Hoffmanns Wirken im „Wanderfreund" schrieb der schon zitierte Dr. Konrad Theiss im Vorwort der Autobiographie seines Lehrers „Im Dienste des Friedens. Lebenserinnerungen eines katholischen Europäers": „Wenn er mit uns durch Schlesien wanderte, eröffnete er uns im Vorbeigehen den Blick für die Geschichte Deutschlands, Polens und Böhmens.

Nebenbei führte er uns ein in die Elemente der Kunstgeschichte und in die Schönheit des schlesischen Barock. Um bei Sekundanern Interesse zu wecken, verband er seine Kunstfahrten mit dem abenteuerlichen Besuch der Grabgrüfte unter den alten schlesischen Klosterkirchen. Was Michael Willmann († 1706) für die Barockmalerei und was Angelus Silesius (eigentlich Johann Scheffler †1677) für die deutsche Mystik bedeuteten, das vergaß niemand mehr, der mit zitternder Kerze in den feuchten Grüften von Leubus oder der Breslauer Gymnasialkirche an deren Särgen gestanden hatte."

Hoffmanns vielfältiges Angebot für eine ganzheitliche Ausbildung seiner Schüler und Schülerinnen blieb erhalten, auch als er im außerschulischen Bereich eine Verpflichtung nach der anderen übernahm. Seit Gründung der Breslauer Volkshochschule 1919 lehrte er dort und hielt zudem wöchentlich Bibelabende, die zu zwei Dritteln von evangelischen Christen, Juden und kirchlich nicht Gebundenen besucht wurden.

Er war Vorsitzender des Vereins katholischer Religionslehrer, später für ganz Ostdeutschland, und erklärte vielerorts seinen haupt- und nebenamtlichen Kollegen

die neuen Lehrpläne. Zeitweise war Hoffmann der Vorsitzende des schlesischen Stenotachygraphenvereins.
Und nicht zuletzt war er ständig Redakteur von Zeitschriften: Bei den „Friedensblättern“ von 1905–1909, dann bei deren neuen Folge unter dem Namen „Heliand“ von 1909–1910; bei „Sobrietas“, den Vereinsblättern des Priesterabstinentenbundes und des internationalen Komitees abstinenter Priester von 1923–1926; bei der „Seelsorge“, Monatsschrift für Theologie, Seelsorge und Religionsunterricht von 1923–1927.
Zu damaliger Zeit war ein Lehrer, zumal ein Priester, eine unangefochtene Autoritäts- und Respektsperson. Hoffmann war dies nicht auf Grund seines Amtes, sondern seiner so freundlichen Ausstrahlungskraft. Er lehrte nicht nur Christentum, er lebte es vor in Freude, Lebensbejahung, Großherzigkeit, Fleiß und Verantwortung. Er riß seine Schüler mit, die so zahlreich bis an sein Lebensende in Dankbarkeit mit ihm in Verbindung standen. Ein besonderes Anliegen war ihm, nationalistischer Verabsolutierung entgegenzutreten, indem er das Verständnis für die Nachbarvölker und deren Geschichte bewußt förderte.

Die „Friedensblätter“ und ihre Geschichte

In der Mitte des 19. Jahrhunderts kam der Gedanke eines allgemeinen Gebetes für die Einheit der Kirche auf.
Der Mainzer Bischof Wilhelm Emmanuel von Ketteler († 1877) regte in seiner Schrift „Freiheit, Autorität und Kirche“ an: „Wir meinen, das allgemeine Gebet ‚Ut omnes unum sint, daß alle eins seien‘, könne von Gott nicht unerhört bleiben.“
Auch das „Volksblatt für Stadt und Land“ in Halle/Saale, der „Katholik“ in Mainz und der Gesellenvater Adolf Kolping († 1865) machten ähnliche Vorschläge. Der Bischof von Ermland Philipp Krementz (ab 1885 Kardinal-Erzbischof von Köln) gründete in diesem Sinne einen St. Petrus-Verein. Auf evangelischer Seite war es die pommersche Edelfrau Julie von Massow († 1910), die aus familiären Anfängen des Psalmenbetens zur Stifterin eines „Psalmenbundes“ wurde, dessen einziges Anliegen der Friede unter den Christen war. Dieses Beispiel griff über nach Griechenland, Schweden und Amerika. 1876 erschien in Gotha die erste Ausgabe der Abendgebete Juliens für den Psalmenbund. 1878 gründete diese aktive Frau eine Gebetsvereinigung zur Wiedervereinigung aller getrennten Christen mit dem Namen „Ut omnes unum“.
Seit dem 22. 2. 1877 lud Frau von Massow an jedem Montag zu Zusammenkünften

in ihre Wohnung ein, die sich in Dresden in der Langen Gasse (jetzt Zinzendorfstraße) befand.

An diesen sogenannten „Schwarzen Montagen“ versammelten sich profilierte Männer geistlichen und weltlichen Standes, Katholiken und katholikenfreundliche Protestanten um die Mutter. Schriftliche Arbeiten wurden vorgelesen und besprochen, Auszüge aus Zeitungen und Zeitschriften, auch gegnerische, wurden diskutiert. Alle waren sich einig in der Verurteilung des Bismarckschen Kulturkampfes.

In dieser Runde trafen sich:

der Hofprediger Pothoff († 1888 als Pfarrer in Burtscheid), der auch Herausgeber des St. Benno-Blattes war,

der Stiftskaplan des königlichen Josephinenstiftes zu Dresden, Brieden, der später in Magdeburg Propst wurde,

der bayrische Gesandte Baron von Gasser,

der Konvertit Kammerherr von Suckow aus Mecklenburg, der Redakteur der „Reichszeitung“ in Dresden war,

der baltische Baron von Ungern-Sternberg,

der emeritierte evangelische Pastor Heinrich Ahrendts († 1897), zuvor in Ilsenburg,

der Major a. D. Oldwig von Uechtritz-Steinkirch,

der frühere Gesandte Sachsens in Paris, Graf Seebach,

die Buchhändler von Zahn und Eduard Bidder

und gegen Ende des Aufenthaltes der Frau von Massow in Dresden

der Reichsfreiherr von Fechenbach-Laudenbach, ein erklärter Gegner der Wirtschaftspolitik Bismarcks.

In seinem Hause fanden die Montagabende in den Winterhalbjahren ihre Fortsetzung, als Frau von Massow im Oktober 1885 Dresden verließ.

Gäste in diesem Kreis waren auch

der Maler Ludwig Richter († 1884),

der Verlagsbuchhändler Dr. Huttler aus Augsburg,

der Rittergutsbesitzer Dr. Otto Anger aus Eythra bei Leipzig,

der Superintendent von Dippoldiswalde Opitz,

Pfarrer Carl Seltmann aus Eberswalde, später Domkapitular in Breslau († 1911), zugleich Herausgeber des Blattes „Ut omnes unum“, sowie der spätere interimistische Redakteur des Blattes, Josef Dell († 1893), Pfarrer von Zell in der Bayrischen Pfalz. Auch Ludwig Windthorst († 1891), der bedeutendste Mann der Zentrums-Partei und große Gegenspieler Bismarcks, zählte zu den Gästen.

Brieflich bzw. durch Aufsätze für das „Ut omnes unum“-Blatt standen mit dem Dresdener Kernkreis in Verbindung:

Pastor Dressel, Pfarrer in Wildenbruch bei Potsdam,
Pastor Otto Spreer in Neuvorpommern,
Pastor Schultz an der Charité in Berlin,
Ferdinand von Kaphengst aus Wernigerode und
der Gerichtspräsident a. D. von Bock in Quedlinburg.
An Frauen seien erwähnt:
Frau von Lepel zu Wieck in Pommern,
Marie von Schönberg aus sächsischem katholischen Adel und Julie von Buddenbrock, Berlin.
Das Sprachrohr dieses Kreises war das monatliche „Correspondenzblatt zur Verständigung und Vereinigung unter den getrennten Christen Ut omnes unum". Herausgegeben wurde es seit dem 1. Oktober 1879 von dem bereits erwähnten katholischen Pfarrer Seltmann in Eberswalde, gedruckt von der Firma G. A. Brodmann in Erfurt für 700 Bezieher. Die Ausgaben erschienen in halber Zeitungsblattgröße, hatten in der Regel zwölf Seiten, enthielten öfter auch eine Sonderbeilage und gliederten sich in

I. Leitartikel,
II. Sprechsaal,
III. Nachrichten und
IV. Bücherschau.

Unter der stellvertretenden Schriftleitung des katholischen Pfarrers Joseph Dell vom Oktober 1886 bis Juli 1891 entzweiten sich die katholischen und lutherischen Mitarbeiter. Der Grund war die unterschiedliche Beurteilung der Konversion von Frau von Massow, die 1885 im böhmischen Wallfahrtsort Mariaschein geschah, aber auch die Reizbarkeit und Angriffslust der Konvertiten. Nachdem Domkapitular Seltmann sich 1886 von der Schriftleitung zurückgezogen hatte, stellte ein Jahr später auch Frau von Massow ihre monatliche Spalte, genannt das „Dorotheenkörblein", ein.
Frau von Massow aber gab nicht auf. 1896 begründete sie unter der Schirmherrschaft der bayrischen Prinzessin de la Paz, einer Infantin von Spanien, die „Friedensblätter, Organ des Psalmbundes und des Gebetsvereins Ut omnes unum, zur Wiedervereinigung aller Christen". Redakteur wurde der Erzpriester J. Hirschberger aus Stettin. Nach zwölf Nummern aber wurden die „Friedensblätter" wieder eingestellt und gingen durch Vermittlung von Seltmann in dem alten Blatt „Ut omnes unum" auf.
1910, kurz vor dem Tode Julie von Massows erschienen die „Friedensblätter" erneut. Sie hatte die Herausgabe dem jungen Kaplan Bernhard Strehler zu Lähn im

Riesengebirge übertragen. Das Blatt trug nun den Untertitel „Monatsschrift zur Pflege religiösen Lebens und Friedens". Domherr Seltmann ließ „Ut omnes unum" stillschweigend in den „Friedensblättern" aufgehen. 1903 wurde Hermann Hoffmann Mitarbeiter, ab 1906 zusammen mit Strehler Herausgeber der „Friedensblätter". 1910 schied Strehler auf Veranlassung von Kardinal Kopp aus der Schriftleitung aus, und Hoffmann war bis zu seiner Einberufung als Feldgeistlicher 1914, der Verantwortliche.

Beim Breslauer Katholikentag fand eine Leserversammlung statt, die zu der Einsicht kam, daß die Zeitschrift nicht richtig gedeihen könnte, weil sie den Evangelischen zu katholikenfreundlich und den Katholiken zu protestantenfreundlich erschien. Man beschloß einen neuen Titel und eine neue Zielsetzung. Die „Friedensblätter" bekamen den Namen „Heliand. Monatsschrift zur Pflege religiösen Lebens für gebildete Katholiken".

Der Heliand wollte dem Ziel der Wiedervereinigung dienen durch die Schärfung des Gespürs für das Unchristliche der Spaltung und durch Weckung des Verständnisses für ein brüderliches Verhältnis zwischen den getrennten Konfessionen. Nach dem ersten Weltkrieg paßte der nächste Herausgeber, Joseph Kühnel, den Heliand der veränderten Sachlage an.

III.
Auf Studienreisen

Als Gymnasiallehrer hatte Hoffmann regelmäßige Ferien, die er zu Reisen ins Ausland nutzte. Es waren keine Vergnügungs-, sondern Studienreisen, die er selbst finanzierte.

Er besuchte Belgien, Holland, Frankreich, Italien, Spanien, Portugal, England, Schweden und Norwegen.

Die Schulbehörde bewilligte ihm 1908 einen zweimonatigen Sonderurlaub, um in Italien, besonders in Rom, die klassischen und christlichen Altertümer zu studieren.

Der Höhepunkt war eine Privataudienz bei Papst Pius X., dem späteren Heiligen. Hoffmann überreichte bei diesem Anlaß dem Papst die drei letzten Jahrgänge der „Friedensblätter", deren Schriftleiter er war. Der Papst, dem im katholischen Italien religiöser Friede selbstverständlich war, ließ sich die Diaspora-Situation in vielen Teilen Deutschlands erläutern. Dem Ziel und der Absicht der Zeitschrift, aus einem Gegeneinander der Konfessionen ein ehrliches Miteinander zu machen, stimmte der Papst mit seinem Segen zu.

Pius X. erkundigte sich nach Hoffmanns Eltern, und als er erfuhr, daß sie beide noch lebten, befahl der Pontifex dem verdutzten Priester, daß er sofort nach der Audienz, statt zu Mittag zu essen, den Eltern einen Brief zu schreiben habe: „Vielgeliebte Eltern! Ich komme eben vom Heiligen Vater. Er hat auch nach den Eltern gefragt und sich gefreut, daß sie noch leben und gesund sind. Er wünscht ihnen alles Gute, besonders auch, daß sie bald zu ihrem priesterlichen Sohn ziehen können, und sendet ihnen herzlich seinen apostolischen Segen."

Das besondere Interesse Pius' X. galt der Lehrtätigkeit seines Besuchers, und er ließ sich eingehend über die Verhältnisse am Breslauer Matthias-Gymnasium informieren.

Hoffmann wurde ein zweites Mal von der Schulbehörde 1912 für ein halbes Jahr für eine Studienreise ins Morgenland freigestellt. In einem ersten Abschnitt dieser Reise zum Sinai schlossen sich Hoffmann und seinem Freund, Gymnasial-Professor Kober, zwei evangelische Gelehrte an, der Alttestamentler Professor Arthur Hjelt aus Helsinki sowie der Orientalist Bauer, der später Professor für orientalische Sprachen an der Universität in Halle an der Saale wurde.

Im Katharinenkloster am Sinai erforschten sie die dort von Agnes Smith-Lewis und Margarete Dumlop Gibson 1892 gefundene unbekannte Handschrift des Neuen Testamentes, den sogenannten Codex Syro-Sinaiticus.
Im zweiten Abschnitt der Exkursion besuchten Hoffmann und Kober das Heiligtum des hl. Menas in der Libyschen Wüste sowie Plästina und die Ruinenfelder der Säulensteher nahe Aleppo. Die beiden Freunde wurden auch in das syrische Kloster maronitischer Mönche in Brumana eingeladen, wo sie eindrucksvolle Feiern in der Karwoche und an den Ostertagen erleben konnten. Das Bild von den Christen des Ostens erweiterte sich noch, als sie Gäste des Patriarchen der unierten Syrer, Ephrem Raehmani, in Beirut waren.
Von dieser Reise kam Hoffmann mit einem Vollbart zurück, weshalb ihn seine Schüler nun den „Popen“ nannten.

IV.
Mitbegründer des Quickborn

Als Schüler und später als Lehrer erlebte Hoffmann das Gymnasium der damaligen Zeit mit einer strengen Reglementierung auch des Privatlebens. Die Gymnasiasten durften weder Gruppen noch Vereine bilden, kein Gasthaus besuchen, auf der Straße nicht rauchen und hatten festgesetzte Ausgangszeiten, meist früh sechs Uhr bis abends einundzwanzig Uhr, bei winterlicher Dunkelheit schon früher.
Für den gleichaltrigen Lehrling und Gesellen galten solche Einschränkungen nicht. So wurde die Freiheit des Studenten, vor allem des Korpsstudenten, die Sehnsucht und das nachahmenswerte Vorbild der Gymnasiasten. Immer wieder wurden heimlich verbotene Schülervereine gegründet, feierte man Kommerse in verbotenen Kneipen, fühlte sich bei Studentenliedern und Zechgelagen erwachsen. Wurden solche Übertretungen aufgedeckt, drohte der Ausschluß aus der Schule, was meist auch bedeutete, auf keine andere Schule mehr wechseln zu können. Die Schulbehörden hatten diesbezüglich große Sorgen, fanden aber keinen Ausweg.
Der erste Versuch, dem Unheil zu begegnen, wurde in Leipzig gemacht. Zwei Gymnasialprofessoren, Hartmann und Ponickau, wurden aus Verantwortung für ihre Schüler abstinent und gründeten einen Verein abstinenter Gymnasiasten. Die Schulbehörden erlaubten es und hofften, daß dieser Versuch zu einer Lösung des Problems führen würde.
Hoffmann sah die Notsituation auch seiner Schüler in Breslau, fuhr 1907 nach Leipzig zu Hartmann und Ponickau, besprach sich mit ihnen und durfte die Satzung des abstinenten Schülervereins mitnehmen. Hoffmanns Freund, Dr. Bernhard Strehler, damals Präfekt im Bischöflichen Konvikt in Neiße, griff das Leipziger Vorbild auf und gründete im Konvikt einen abstinenten Schülerzirkel, zu welchem auch bald Gymnasiasten aus der Stadt dazu kamen. Aber der Name „abstinenter Schülerzirkel“ war zu blaß und wenig anziehend, so daß Strehler die Mitglieder aufforderte, einen besseren Namen zu suchen. Der Obertertianer Zimmermann schlug „Quickborn“, d. h. lebendiger Brunnen oder Quell, vor, nach einer niederdeutschen Gedichtsammlung von Klaus Groth († 1899). Diese Bezeichnung wurde als sinnvoll angenommen. Die nächsten Gruppen entstanden in Wertheim, Frankfurt am Main, Paderborn und in Breslau durch Hoffmann.

Hoffmann ließ sich nicht entmutigen, als anfangs die Resonanz recht schwach war. Man traf sich monatlich zu einem Vortrag, den Hoffmann selbst, ein Arzt oder auch ein Schüler hielten. Mit der Abstinenz vom Alkohol verband sich von Anfang an auch die persönliche Ablehnung von Nikotin. Aber schon bald zeigte sich, daß Jugend mit Vorträgen einzig contra Alkohol auf Dauer nicht zu begeistern war, und der Themenkreis weitete sich aus. Hoffmann begann mit den Mitgliedern des Vereins Wanderungen, denen sich auch Nicht-Abstinente anschlossen. Letztere bildeten die schon erwähnte Gruppe „Wanderfreund", die sich nicht zur Abstinenz verpflichtete.
In den ersten beiden Jahrzehnten des 20. Jahrhunderts hatte inzwischen die Abstinenzbewegung Fortschritte gemacht. Sie wagte für ihre Mitglieder den ersten Versuch einer Selbstbestimmung und einer Ausweitung auf andere Lebensgebiete. Hoffmann veröffentlichte dieses Gedankengut in zwei Schriften, die den Jahresberichten des Matthias-Gymnasiums 1912/13 und 1914 beigefügt wurden. Seine programmatischen Ausführungen über „Alkoholfreie Jugenderziehung" und „Schülerwandern" wurden dem Lehrkörper jeder höheren Schule in Deutschland zugesandt. Das Interesse der Lehrer war geweckt, das Echo erfreulich und der Name Hermann Hoffmann bei den Pädagogen in ganz Deutschland bekannt geworden. Neben dem Breslauer Religionslehrer setzten sich für die Abstinenz an allen höheren Schulen ein: Dr. Bernhard Strehler, Professor Clemens Neumann und der Franziskanerpater Elipius Weiergans vom katholischen Kreuzbündnis. Dr. Strehler gründete und leitete die Monatsschrift „Quickborn" für abstinente Schüler, die gegen Ende des ersten Weltkrieges bereits 7 000 Quickborner erfaßte.
Die Entstehung des „Wanderfreundes" neben dem Abstinentenverein in Breslau wurde zu einer Weichenstellung für den gesamten Quickborn. Er sammelte nicht Nachwuchs für die Organisation der Erwachsenen, den Kreuzbund, sondern wurde zur Jugendbewegung. Auf dem „Ersten Deutschen Quickborntag" auf Burg Rothenfels wurde dies perfekt: Die „Wanderfreunde" übernahmen und bejahten die Abstinenz.
Mitten im ersten Weltkrieg hatten Hoffmann, Strehler und Neumann vorausschauend einen „Verein der Quickbornfreunde e. V." gegründet! So waren die rechtlichen Voraussetzungen gegeben, daß Professor Clemens Neumann, der Herausgeber des „Spielmann", 1919 die Burg Rothenfels käuflich erwerben konnte. Diese drei schlesischen Priester bezeichnete auf dem 2. Quickborntag 1920 Professor Ignaz Klug († 1929) als die „Heiligen drei Könige Quickborns".
Beim 1. Quickborntag 1919 auf Burg Rothenfels hielt Hoffmann einen Vortrag über die Jugendbewegung, der zur Magna Charta des Quickborn wurde: „Vom

dreifachen Recht der Jugend". Hoffmann urteilte darüber in seinem 90. Lebensjahr: „Ich bin überzeugt, dieser Vortrag war der erfolgreichste von allen Vorträgen, die ich während meines langen Lebens gehalten habe!" Deshalb sollen seine damaligen Ausführungen an dieser Stelle wörtlich zu uns sprechen:

Vom dreifachen Recht der Jugend

Wenn ich die Seele der Jugend von heute recht verstehe, klingt mir laut und deutlich ihr Schrei entgegen nach dreifachem Recht. Die Jugend verlangt das Recht auf Jugend, auf Freiheit, auf Freude.

Das Recht der Jugend verlangt die Jugend. Das klingt so selbstverständlich und ist es gar nicht. Von einer aussterbenden Jugend hört man es anders, und Alte wollen es bestreiten.

Eine Jugend stirbt dahin, die nicht früh genug aufhören konnte und wollte, jung zu sein. Nicht früh genug konnte sie Freuden und Rechte und Bräuche der Erwachsenen vorwegnehmen: trinken, spielen, rauchen, wie man es bei Erwachsenen, bei Studenten sah, das Verbindungsleben der Studenten und anderes nachahmen, galt dieser Jugend als Zeichen überwundener Jugend, als Erweis erreichter Reife. Das will die neue Jugend nicht mehr, die ihr Recht auf Jugend verkündet gegenüber solch unreifer Reife.

Aber auch gegenüber den Erwachsenen. Von denen wollten ja viele, allzuviele die Jugend vor der Zeit erwachsen haben. Die Jugend aber will Jugend sein, will wandern, nicht spazieren gehen wie die Alten. Will tollen und toben, nicht gesetzt und artig sein. Die Sitten und Bräuche der Erwachsenen, ihr Vereinsleben, ihre Verkehrsformen, ihre Art sich zu kleiden und zu geben, wird sie annehmen, wenn sie nicht mehr jung ist.

Das Recht auf Freiheit verlangt die Jugend. Freiheit ist nicht Ungebundenheit, nicht Zügellosigkeit. Freiheit kann und soll und will sich der ihr gesetzten Grenzen wohl bewußt bleiben.

Aber neben der Autorität des Hauses und der Schule will die Jugend ihr eigenes Recht der Freiheit haben, in dem sie König ist. Das Recht der Jugend auf eine der Jugend gemäße Jugendbewegung verlangt unsere Jugend. Sie will keinen Jugendverein, der ja doch bloß Gemeinschaftsformen der Erwachsenen auf das Gemeinschaftsleben der Jungen überträgt. Und Jugendpflege verlangt und verträgt unsere Jugend ebensowenig. In Haus und Schule kommt sie sich genug gepflegt vor, daß sie in ihrem Vereinsleben, im Königreich ihrer Freiheit, sich selbst pflegen will.

Wer die Jugend hat, hat die Zukunft. Solch selbstsüchtige Jugendpflege macht unsere Jugend besonders mißtrauisch. Die Jugend will nicht gehabt sein, sie will sich selber gehören, will in ihren freien Stunden sich ein eigenes Reich bauen, nach eigenen Gesetzen, nach eigenen Plänen, nach eigenen Bedürfnissen. Alle, dic helfen, nicht herrschen, wird sie nie ablehnen. Was echte Führer, auch wenn sie „alt" sind, der Jugend gelten, zeigt unsere Tagung. Als Protektoren, die helfen und schützen, sind sie willkommen, nicht aber, wenn sie diktieren und gängeln. Welch berechtigter Stolz, wenn unserer Jugend etwas gelungen ist aus eigener Kraft. Auch Tadellosigkeit ihrer Feste vermißt die Jugend gern, wenn sie nur mit Hilfe der Alten möglich ist; 10 von Hundert zurückgeblieben hinter der Tadellosigkeit, aber 90 von Hundert geleistet aus eigener Kraft ist ihr zehnmal lieber. So meint die Jugend ihr Recht auf Freiheit.
Und das Recht auf Freude verkündet die Jugend. Die Alten heulen wohl, in dieser ernsten Zeit (unmittelbar nach dem ersten Weltkrieg, der Verf.) sei jede Freude sündhaft. Gott sei Dank, daß die Jugend nicht so denkt, daß sie sich freuen will und kann. Das Recht auf ihr gemäße Freude müssen wir ihr lassen. Sie lacht ja, nein sie trauert ja über die, die so meinen: „In die Kneipen laufen und sein Geld versaufen ist ein hoher, herrlicher Beruf." Frisch und jung, natürlich und froh, recht und rein will die Jugend sich gestalten. Lassen wir sie, und gönnen wir ihr ihre Freude, ihr Singen, ihr Spielen, ihr Tanzen, ihr Wandern, ihr Abkochen, ihr Nachtlager auf Heu und Stroh, ihre Bedürfnislosigkeit, ihre Freudefähigkeit.
Ist das dreifache Recht der Jugend auf Jugend, Freiheit und Freude begründet oder nicht? Vor Gott und meinem Gewissen wüßte ich nicht, was mich berechtigt, es ihr abzusprechen.
Aber kann dieses dreifache Recht nicht mißbraucht werden? Sicher. Wer sah den Mißbrauch nie?
Aber was tun, was soll schützen, daß das Recht auf Jugend nicht pflichtmäßigem Wachsen und Streben sich entgegenstelle, daß Freiheit nicht Zügellosigkeit, Freude nicht Ausgelassenheit werde?
Einen zweifachen Schutz weiß ich: die Abstinenz und die Religion.
Die Abstinenz ist ein Höhenpfad! Wem sie soviel gilt, der mißbraucht sein Recht nicht. Die Freude der Abstinenten sah ich nie zügellos, ihre Freiheit nie ausgelassen; wer nicht strebt, nicht vorwärts, nicht aufwärts, ist kein Quickborner.
Quickborn ist eine katholische Jugendbewegung. Am Ziele ihres Höhenpfades winkt die religiös-sittliche Persönlichkeit, der Katholizismus der Tat. Man achte auf den religiösen Unterton des Quickborntages. Ich weiß der Jugend keinen stärkeren Schutz gegen jede Gefahr, auch gegen den Mißbrauch ihres dreifachen Rechtes, als solch religiöses Hochziel.

Diese Ansprache war ein Dokument für Hoffmanns Art, Probleme anzupacken, die er ein Leben lang beibehielt: In der Diktion mitreißend und begeisternd, keiner Frage ausweichend, jede Einseitigkeit vermeidend, Neues wagend, Gegensätze klar formulierend und doch echte Kompromisse suchend. Und ohne es groß zu betonen, stand hinter allem der Priester Hoffmann, der betend erwogen hatte, was aus Verantwortung und Liebe zu den Menschen und der Kirche gesagt werden mußte.

Es folgten aus Hoffmanns Feder Broschüren zu den Themen „Autorität und Freiheit", „Buben und Mädchen" und „Burgsitten". Er begnügte sich nicht damit, Thesen aufzustellen, sondern gab Antwort auf die Schwierigkeiten der Verwirklichung in der Praxis.

Am 26. 9. 1917 hatte sich in Frankfurt am Main die „Vereinigung von katholischen Studenten- und Studentinnenseelsorgern für das deutsche Sprachgebiet" konstituiert. Zu den Initiatoren der Bestrebungen für eine hauptamtliche Studentenseelsorge gehörten auch Dr. Carl Sonnenschein († 1929), Mönchen-Gladbach, und Pater Franziskus Stratmann OP († 1971), Berlin.

Grundsätzliches wurde beraten und geklärt auf den nächsten Zusammenkünften 1918 in Leipzig und 1919 in Halle/Saale. Zur Konferenz der Vereinigung im September 1920 in Würzburg referierten für Neudeutschland Pater Ludwig Esch SJ aus Köln († 1956) und für Quickborn Professor Hermann Hoffmann aus Breslau. Zu den Vorträgen der beiden Letztgenannten notierte der Protokollführer: Beide Bewegungen wurden von der Konferenz freudig begrüßt, sie geben Anlaß zu frohen Hoffnungen für die Studentenseelsorge.

Den 2. deutschen Quickborntag 1920 auf Burg Rothenfels bereitete Hoffmann vor, und er trug seinen Stempel: Der Tagung ging eine Bibelwoche voraus, die Tage selbst waren eingebettet in eine große Reihe von Exerzitien, Romano Guardini († 1968) sympathisierte mit dem Quickborn und hielt seine ersten Ansprachen vor dieser Gemeinschaft.

Die Gottesdienste fanden für 2000 Menschen unter freiem Himmel statt, gestaltet in neuer Weise als Missa recitata, in der die Gemeinde sich unmittelbar in Latein an der vom Priester lateinisch gefeierten Messe beteiligte.

So fand die aufbrechende Liturgische Bewegung von Anfang an in Quickborn eine treibende Kraft.

Quickborns Programm war Aufbruch zu Neuem und Wagnis in den Augen der Konservativen in der katholischen Kirche. Besonders der Entschluß, Quickborn sei eine Gemeinschaft für Jungen und Mädchen, stellte den bisherigen Grundsatz einer strikten Trennung der Geschlechter in Frage und wurde von vielen Seiten mit

Heftigkeit abgelehnt. Hoffmann nahm es auf sich, fast alle deutschen Bischöfe aufzusuchen, um in persönlichem Gespräch über Sein und Wollen, Geist und Ziel der neuen Bewegung klärend zu informieren. Er vertrat seinen Standpunkt auch in der Öffentlichkeit: auf dem Katholikentag, vor der Generalversammlung des katholischen Jungmännerverbandes, vor Pater Ludwig Esch SJ, dem Leiter des neugegründeten Bundes für katholische Gymnasiasten „Neudeutschland", und vor der Generalversammlung des katholischen Lehrerverbandes Deutschlands in Würzburg. Dort predigte er auch über das neue Verständnis der Liturgie und hielt mit Hunderten von Lehrern eine Gemeinschaftsmesse, die für die Mehrzahl zu einem erstmaligen Erleben und Begreifen wurde.

Was damals neu, gewagt, ja gefährlich erschien, ist heute Selbstverständlichkeit. Hoffmann gehörte zu den Wegbereitern, die mit großem persönlichem Einsatz, oft ins Zwielicht geratend, in Geduld und Liebe sich der Zukunft verpflichtet fühlten.

Quickborn wurde von den Nazis verboten und Burg Rothenfels beschlagnahmt. Aber das Werk überlebte und entstand 1946 neu.

Als Hoffmann 1968 mit alten Quickbornern im Bischof-Petrus-Haus in Leipzig seinen 90. Geburtstag feierte, hielt er aus dem Stegreif eine Ansprache. Er begann mit einer Begebenheit, die eine Wunde in seinem Leben offenlegte. Eine Tonband-Aufzeichnung hielt folgendes fest:

„Wir haben das Lied gesungen ‚Im Frühtau zu Berge'. Für mich bedeutet das mehr als für euch. Es war in Breslau ein Quickborner, der hieß Hans Altenberger, er hat eine Elisabeth Liedel geheiratet. Diese Elisabeth Liedel, das war ein herrliches Mädchen, das hat also, wenn wir unser Krippenspiel zu Weihnachten spielten, in Breslau und anderswo, dann hat sie jahrelang die Maria gespielt und hat sie mit einer Frömmigkeit und einem Verstehen diese schwere Rolle gespielt, die mir unvergeßlich geblieben ist.

Also die beiden haben geheiratet. Ich frage mich immer wieder, was ich dem Hans Altenberger angetan habe, was ich bei ihm unterlassen habe. Er hat mir von seiner Trauung und Hochzeit nichts mitgeteilt. Er hat irgendwie, ich weiß es nicht, zu meinen Gegnern gehört, warum, das weiß ich nicht.

Aber es hat auch solche Quickborner gegeben, Besserwisser. Ich habe vieles unternommen, vieles hat sich bewährt, manches hat sich nicht bewährt. Wie gesagt, warum er mit mir unzufrieden war, ich weiß es nicht. Eine große Begabung, eine große Hoffnung für den Quickborn und die Wissenschaft. Er ist Privatdozent geworden in Breslau der Gehirnmedizin, bei dem berühmten Professor Förster, der noch Lenin das Gehirn seziert hat nach seinem Tode. So weltberühmt war dieser

Gelehrte, daß er der beste Gehirnoperateur seiner Zeit war. Das war für die Russen so wichtig, daß sie ihn ans Sterbebett von Lenin gerufen haben. Und dessen Privatdozent war Hans Altenberger. Er ist früh gestorben, soweit ich mich erinnere, nach dem ersten Kind, das sie hatten.
Es hat mir persönlich sehr leid getan um ihn und wenn ich an ihn denke.
Er hat als Student ein Liederbuch herausgegeben, das heißt ‚Im Frühtau zu Berge'. Er war ein Gauleiter 1 a (Quickborn gliederte sich in Gaue, der Verf.), jung, dreist und gottesfürchtig. Ich denke an den Gautag, den wir vielleicht 1920 oder so abgehalten haben in Patschkau. Da kam doch dieser junge Kerl hoch zu Roß angeritten zum Gautag, Gau-Graf! Für mich verkörperte dieser Hans Altenberger eigentlich den idealen Quickborner. Warum ich es bei ihm nicht geschafft habe, weiß ich nicht. Aber solche Erlebnisse zwingen einen, auch noch im Alter an Mißerfolge zu denken und sich zu befragen: Wer war denn schuld, du oder ein Höherer, der gemeint hat, es hat nicht sollen sein. Das war Hans Altenberger, das war das Liederbuch ‚Im Frühtau zu Berge'. Ich habe nach Jahrzehnten seine Witwe getroffen, von ihr hatte ich nicht den Eindruck, daß sie irgend etwas gegen mich gehabt hätte.
Aber solche Erlebnisse hat man auch gehabt und daran denkt man. Ich könnte noch von manchem anderen reden. Aber was soll ich den Ernst, der mich überkommt nach neunzig Lebensjahren, auf andere übertragen, was mich allein betrifft und für das ich schließlich allein Rechenschaft werde geben müssen."

Überblick über die „Deutsche Jugendbewegung"

Um die Wende des 19. zum 20. Jahrhundert entstand in Deutschland eine Jugendbewegung, die ein Aufbegehren war gegen die wachsende Mechanisierung der liberalistisch-kapitalistischen Welt und eine Sinnentleerung des Lebens. Es war der Versuch selbständiger Lebens- und Kulturgestaltung in freier Gemeinschaft. Der bürgerlichen Welt der Erwachsenen, die in „Spießertum" und „konventioneller Verlogenheit" Familie, Schule und Gesellschaft erstarren ließ, wurde von dieser aufbegehrenden Jugend eine „Neue Zeit", ein „Neues Leben" entgegengestellt, das auf Wahrhaftigkeit, Unbedingtheit, Lebensganzheit und Gemeinschaft begründet war.
1901 erfolgte die Gründung des „Wandervogels" durch den Primaner K. Fischer. Seine Lebensform, Fahrt, Lied, Bedürfnislosigkeit, Kameradschaft und teilweise auch Abstinenz wurden prägend für die Jugendbewegung. Aber auch Wesentliches hatte hier eine Wurzel: unbefangene Haltung zum Körperlichen, Gemeinsamkeit

männlicher und weiblicher Jugend in manchen Gruppen, die neue Gemeinschaft einer freien Gruppenbildung, Selbsterziehung, Kulturkritik nach außen, Führerideal, Hang zur Romantik.

1913 sammelten sich die verschiedenen Bünde und Richtungen in der „Freideutschen Jugend", die auf dem Hohen Meißner bei Kassel sich auf die Formel einigte: „Die Freideutsche Jugend will ihr Leben nach eigener Bestimmung vor eigener Verantwortung in innerer Wahrhaftigkeit selber gestalten. Für diese Freiheit tritt sie unter allen Umständen geschlossen ein."

Eine große Unterstützung erfuhr die Jugendbewegung durch die Gründung des „Reichsverbandes für deutsche Jugendherbergen", DJH, durch die Bemühungen des Lehrers R. Schirrmann.

Die christliche Jugendbewegung entstand nach dem ersten Weltkrieg. So profilierte sich „Quickborn" besonders durch den Erwerb der Burg Rothenfels, die zu einem geistigen Zentrum wurde. Auf Initiative von Pater Ludwig Esch SJ gründete 1919 der Kölner Kardinal von Hartmann den Bund „Neudeutschland" (ND) als Verband katholischer Schüler an höheren Lehranstalten. 1923 entstand dann in München durch Studienrat Georg Kifinger das weibliche Gegenstück, der „Heliand", mit den drei Hauptforderungen: echte Fraulichkeit, geistige Lebendigkeit, wesenhafte Frömmigkeit. Eine Gruppe um Ernst Thrasolt (eigentlich Matthias Tressel † 1945) „Heiliges Feuer" (1913) und „Efeuranken" (1918) waren die Ausgangspunkte für die „Großdeutsche Jugend" unter Führung von Nikolaus Ehlen, der sich um Völkerverständigung bemühte. Ehlen spielte katholischerseits eine Rolle als Sozialreformer und im Siedlungsbau.

In Österreich entstand 1921 aus dem christlich-deutschen Studentenbund der Bund „Neuland", maßgeblich beeinflußt von Dr. Karl Rudolf († 1964) und Professor Michael Pfliegler († 1972), zwei Wiener Priestern.

Auf evangelischer Seite entstand unter anderen der „Bibelkreis" und der „Köngener Bund".

Alle fühlten sich als Glieder der gesamten Jugendbewegung oder „Bündischen Jugend", wie man nach 1918 sagte, aber auf christlicher Grundlage. Der offenkundige Gegensatz zwischen Christus und dem Verhalten der Christen forderte als Zielsetzung die „Christozentrik" heraus. Das Begreifen der liturgischen Gemeinschaft ließ die Jugendbewegung in Deutschland wie Österreich zu entscheidenden Förderern, ja Motoren der liturgischen Erneuerung werden.

Die Anfänge der Liturgischen Bewegung

Die Geburtsstunde der Liturgischen Bewegung schlug 1909 im belgischen Mecheln. Auf einer Tagung der katholischen Vereine kam es zu einer begeisterten Kundgebung, in der die formende Kraft der Liturgie erkannt und das Missale zum Gebetbuch des Christen proklamiert wurde.

Im benachbarten Deutschland war der Boden durch die großen Benediktiner-Abteien vorbereitet. Nach ihrem Grundsatz „Nichts darf dem Gottesdienst vorgezogen werden" waren das gepflegte Chorgebet und die Meßfeier zum Anziehungspunkt für viele Gottsucher, besonders unter den Gebildeten geworden. Bereits 1884 hatte der Benediktinermönch von Beuron, Anselm Schott († 1896), das „Meßbuch der heiligen Kirche" herausgegeben, das als der „Schott" zu einem Begriff wurde.

In Maria Laach in der Eifel wurde 1913 der junge Ildefons Herwegen († 1946) Abt. Mit ihm wurde diese Abtei zu einem der Zentren der Liturgischen Bewegung. Pater Odo Casel OSB († 1948 in Herstelle/Weser) legte in dem „Jahrbuch der Liturgiewissenschaft" in 15 Bänden (1921–1941) die Grundlagen der Erforschung der Liturgie und ihrer Geschichte. Nach dem zweiten Weltkrieg wurde das Jahrbuch abgelöst durch das „Archiv für Liturgiewissenschaft". Casels These von der „Mysteriengegenwart" blieb nicht unwidersprochen, doch brachte sie die Theologie und das religiöse Leben weiter. Diese These besagte, daß die entscheidenden Heilsereignisse, vor allem Tod und Auferstehung Christi, nicht Vergangenheit sind, sondern im liturgischen Vorgang in der Weise gegenwärtig gesetzt sind, daß die daran Teilnehmenden an den Heilsereignissen und damit am Heil Anteil gewinnen.

Joseph Andreas Jungmann († 1975) bezeichnete diese Phase als archäologisch und akademisch. Die Breitenwirkung gelang, als sich nach dem ersten Weltkrieg die Jugendbewegung für die Liturgie begeisterte. Romano Guardini und der von ihm geprägte Quickborn waren hier Bahnbrecher. Schon 1920 gab Guardini die „Gemeinschaftliche Andacht zur Feier der heiligen Messe" heraus. Damit war die Grundfassung dessen gelegt, was wir heute die Gemeinschaftsmesse oder Missa dialogata nennen. Sein 1918 erschienenes Werk „Vom Geist der Liturgie" ist bis heute unübertroffen.

Ein Bild der Kirche als heiliger Gemeinschaft, das bereits Adam Möhler († 1838) aufgezeigt hatte, wurde Anfang der zwanziger Jahre zweifach der Öffentlichkeit nahegebracht, nämlich durch Guardinis Aufsatz im „Hochland" mit dem Titel „Vom Sinn der Kirche" und in den „Hymnen an die Kirche" von Gertrud von le Fort (†1971).

Ein entscheidender Beitrag zu liturgischem Neudenken leisteten die Kommuniondekrete Papst Pius' X. († 1914).
Aber erst um 1930 setzte es sich durch, daß der öftere Kommunionempfang nicht außerhalb, sondern als deren Höhepunkt innerhalb der heiligen Messe geschah. Von Pius X. stammte auch der Ausspruch: „Ihr sollt nicht in der Messe, sondern die Messe beten."
Nach 1930 wurde durch das Vorbild der Jugend in vielen Pfarreien die Gemeinschaftsmesse heimisch.
Die besonderen Stützen der Liturgischen Bewegung waren drei unterschiedliche Zentren:
Seit den zwanziger Jahren gab Pius Parsch († 1954), Chorherr im österreichischen Klosterneuburg bei Wien, für jeden Sonntag Hefte mit den Meßtexten heraus, die an der Basis, in den Pfarreien, freudig benutzt wurden und enorme Auflagenhöhen (man spricht von hunderttausend) erreichten. Parsch gelang eine weitere Steigerung. Aus der von den Gläubigen nur mitgesprochenen Gemeinschaftsmesse wurde durch den Einbau entsprechender Gesänge die „Betsingmesse". Auf dem Deutschen Katholikentag 1933 in Wien zündete dieses Beispiel und wurde zu einer Hauptform der Sonntagsmesse in vielen Gemeinden. Parsch hatte angeknüpft an die bekannten sogenannten „Deutschen Singmessen", die während der stillen heiligen Messe des Priesters üblich waren. Als einzelner hatte Parsch unbeirrt immer neue Impulse gegeben, getreu seinem Wahlspruch: Mit sanfter Zähigkeit! Der zweite, vieles befruchtende Ausgangspunkt war das am 5. 1. 1930 in Leipzig-Lindenau gegründete Oratorium des heiligen Philipp Neri. Besonders unter Dr. Heinrich Kahlefeld († 1980) wurde außer den Meßtexten versucht, deutsche Gesangstexte für Vesper, Komplet und die Metten der Feiertage den Choralmelodien anzupassen. Der reiche Gebetsschatz des Breviers der Kirche wurde so dem Volke zugänglich gemacht. – Ein weiterer Leipziger Oratorianer, Josef Gülden, leistete wichtige Beiträge für das Ganze. Als er 1940 Mitglied der Liturgischen Kommission Deutschlands wurde, kamen unter seiner Mitwirkung im Alsatia-Verlag in Komar/Elsaß 1942 „Volksliturgie und Seelsorge" und 1943 „Parochia" heraus. Die Johannes-Gutenberg-Universität in Mainz verlieh diesem Wegbereiter der liturgischen Erneuerung 1964 den Ehrendoktor der Theologie. Zum dritten Motor wurde das Jugendhaus in Düsseldorf mit dem unvergessenen Generalpräses Ludwig Wolker († 1955). Das von ihm herausgegebene „Kirchengebet" mit der Meßordnung wurde in den meisten Pfarreien, millionenfach verbreitet, zur Richtlinie der gemeinschaftlichen Meßfeier. Ergänzt wurde es durch das 1938 im Christophorus-Verlag Herder, Freiburg im Breisgau,

herausgegebene „Kirchenlied", dem 1967 ein Kirchenlied II und die Weihnachtsliederbücher I und II folgten.
Josef Diewald, bis zu seiner Pensionierung im Christophorus-Verlag in Freiburg/Breisgau tätig, der Düsseldorfer Lehrer und Komponist Adolf Lohmann († 1983) und der Münchener Dichter, Schriftsteller und Publizist Georg Thurmair († 1984, verheiratet mit Marie Luise Murmelter) legten die Grundlagen für ein einheitliches Liedgut aller deutschen Diözesen. Diese Sammlungen vereinten in sich das wertvolle Erbe der Vergangenheit, neue Lieder der Liturgischen Bewegung und brachten erstmals vierzig „evangelische" Lieder den Katholiken nahe.
Die Kirche Deutschlands sammelte zu Beginn des „Dritten Reiches" ihre Aktiven in einer großen Zahl von Verbänden und Vereinen. Vom Kasino und Geselligkeitsverein auf Pfarrebene, den Berufsvereinen für Priester, Lehrer, Kantoren und Organisten, Kaufleute (KKV), Akademiker (CV, KV, UV usw.), Arbeiter- und Gesellenvereinen (Kolping), Frauenbund, Volksverein und allein 13 Jugendvereinen im Bistum Meißen 1932, bis zu Vereinen der Liebestätigkeit (Elisabethverein, Fürsorgeverein) und Begräbnisbünden war jedem Anspruch Rechnung getragen. Als dies alles verboten wurde, zeigte sich, daß die gewachsene Gemeinschaft in der Feier der Liturgie um den Altar die Gemeinden im wesentlichen gefestigt hatte. Das klar erkennend, setzte die Fuldaer Bischofskonferenz 1940 ein „Liturgisches Referat" ein, das den Bischöfen Albert Stohr von Mainz († 1961) und Simon Konrad Landersdorfer von Passau († 1971) anvertraut wurde. Eine erste Frucht waren 1942 die „Richtlinien zur liturgischen Gestaltung des pfarrlichen Gottesdienstes". Als Rom 1943 die Ordnung der Gemeinschaftsmesse dem klugen Ermessen der Bischöfe freistellte, wurde damit der Liturgischen Bewegung auch die offizielle Anerkennung zuteil.
Ohne diese mühevolle Vorarbeit, die wir Liturgische Bewegung nennen, hätten die Liturgiereformen des II. Vatikanums nicht stattfinden können.
Innerhalb der Liturgischen Bewegung hatte aber auch die Bibelbewegung im katholischen Raum ihre Wegbereiter.

V.
Der Streiter für den Frieden

Aus dem ersten Weltkrieg kehrte Hoffmann mit der Überzeugung zurück, daß Krieg zerstört und nicht aufbaut. Deshalb gehörte er zu denen, die entschieden Front machten gegen eine Glorifizierung des Militarismus.

Er wollte in seinem Leben dem Frieden dienen und erkannte, daß dazu auch gehörte, mit allen Menschen guten Willens zusammenzuarbeiten, damit der Friedenswille überall geweckt und wirksam werden konnte.

Für dieses Vorhaben sah Hoffmann einen Anknüpfungspunkt: Während des Krieges hatten die Quäker in England und den USA (als „Religiöse Gesellschaft der Freunde" von George Fox um 1650 in England gegründet) öffentlich erklärt, sie seien keines Menschen oder Volkes Feinde. Den zu Beginn des Krieges mit Schimpf und Schande vertriebenen Deutschen in England boten sie immer und überall Schutz an. Sie und andere Gruppierungen gehörten zu den Kriegsdienstverweigerern und wurden deshalb eingesperrt, zum Tode verurteilt, aber nicht hingerichtet. Der englische Ministerpräsident David Lioyd George († 1945) verhinderte die Vollstreckung der Urteile, „um keine Märtyrer zu schaffen", wie er sich ausdrückte.

Aus diesen Kreisen konstituierte sich schon im Kriege der sogenannte Versöhnungsbund – International Fellowship of Reconziliation. Die Gründer wußten, daß Versöhnung mehr ist als Friede. Friede kann erzwungen werden, ohne die eigentlichen Streitfragen zu lösen, die den nächsten Krieg schon programmieren. Man war sich im klaren, wie schwer der Weg zu echter Versöhnung ist. So wurde der Versöhnungsbund ein Bund von Christen, der im Vertrauen auf Gottes Hilfe ans Werk gehen wollte. Nach den Entstehungsländern umfaßte er zunächst nur evangelische Christen, war aber von Anfang an offen für alle anderen Konfessionen. Der erste Deutsche, der sich diesem Bund anschloß und für ihn warb, war der evangelische Theologe Friedrich Siegmund-Schultze, der damals Professor für Sozialethik und -pädagogik in Berlin war († 1969 in Soest/Westfalen, wo er das Ökumenische Archiv begründet und aufgebaut hatte). Hoffmann war mit ihm durch Sozialarbeit befreundet. Der erste Katholik, der diesem Bund beitrat, war Dr. Max Josef Metzger, 1944 von den Nazis enthauptet.

Als der Versöhnungsbund 1923 seine erste internationale Versammlung im dänischen Nyborg abhielt, wollte Dr. Siegmund-Schultze auch einen Vertreter der deutschen Jugend dabeihaben. Obwohl zur gleichen Zeit der alljährliche Quickborntag auf Burg Rothenfels vorzubereiten war, fuhr Hoffmann hin. Das Hauptthema lautete: Müssen Franzosen und Deutsche Erbfeinde sein? Der französische Pastor Marc Boegner († 1970), Präses der Reformierten Kirche Frankreichs, und Hoffmann hielten die einleitenden Referate, die mit großem Beifall aufgenommen wurden. Wieder erweiterte sich der Bekanntenkreis Hoffmanns, den größten Eindruck aber hinterließ bei ihm Mathilde Wrede († 1928), die der „Engel der Gefangenen" genannt wurde. Sie war die Tochter des einstigen russischen Generalgouverneurs von Finnland, die sich in einmaliger Weise der kriminellen Strafgefangenen angenommen hatte. In einem Gesprächskreis besprachen die vierzig evangelischen und zwei katholischen Geistlichen, was das Evangelium zu Kriegen meint und welche Konsequenzen sich daraus für die Kirchen ergeben.

Das Gegeneinander der Kirchen wurde schmerzlich festgestellt und von den Kirchen das Beispiel des Friedens gefordert.

Hoffmann wurde in den Vorstand des Friedensbundes gewählt mit dem besonderen Auftrag zur Friedensarbeit in katholischen Ländern. Mit dieser Mission begann er in Holland und Belgien, wo er den flämischen Dichter Felix Timmermanns († 1947) besuchte.

Im selben Jahr nahm Hoffmann auch am Internationalen Friedenskongreß teil, der auf Initiative des französischen Abgeordneten Marc Sagnier in Freiburg im Breisgau tagte. Hier sprach auch Dr. Max Josef Metzger, und Hoffmann lernte den Dominikanerpater Franziskus Stratmann kennen, der später Leiter des Friedensbundes deutscher Katholiken wurde. Damals begann auch seine lebenslange Freundschaft mit dem Leipziger Oratorianer Dr. Werner Becker († 1981).

Hoffmann bekannte von sich: „Zum Mann des Friedens bin ich geworden im Krieg, zum Vorkämpfer für den Frieden aber durch den Internationalen Versöhnungsbund."

Zusammen mit Nikolaus Ehlen, dem Vorsitzenden des deutschen Zweiges des Versöhnungsbundes, reiste Hoffmann zu den Jahresversammlungen nach Bad Böll in Württemberg und Lyon in Frankreich, wo der soziale Friede im Mittelpunkt der Überlegungen stand. Marc Sagnier veranlaßte in Bierville bei Paris einen internationalen Jugendkongreß mit über 1000 Teilnehmern, darunter vielen Quickbornern mit Klemens Neumann. Einer Werkwoche für die Jugend in Oberammergau folgte eine weitere in Vaumarcus, in der evangelischen Schweiz. Katholiken, Anglikaner, Lutheraner, Reformierte, Orthodoxe, Mohammedaner und Buddhisten aus

18 Nationen besprachen das Vorbild Franz von Assisis anläßlich seines 700. Todestages. Hoffmann referierte zu dem Thema „Der hl. Franziskus und der Krieg".
Der Versöhnungsbund wollte nicht nur vom Frieden reden, sondern für den Frieden wirken. Der Anlaß waren gewaltige Unwetter, die im Fürstentum Liechtenstein so große Schäden angerichtet hatten, daß die eigenen Kräfte des kleinen Landes nicht ausreichten, diese zu beseitigen.
Die Jugend des Versöhnungsbundes folgte begeistert dem Aufruf zur Hilfeleistung. In einem Arbeitslager in Liechtenstein opferten die Jugendlichen ihre Ferienwochen und halfen. Ähnliches geschah in den folgenden Jahren in Katastrophengebieten in Frankreich, England und Deutschland.
Der Beginn der Friedenswerkwoche in Dorpat/Estland 1928 fiel auf den Reformationstag. Hoffmann eröffnete die Vorträge mit dem Thema „Katholische Gedanken am Reformationsfest". Hoffmann schrieb dazu in seinen Lebenserinnerungen: „Das war für mich und für meine Zuhörer irgendwie überraschend und fast aufregend. Die Zuhörer waren sicherlich fast alle lutherisch, nur eine Ausnahme ist mir bekannt geworden, der katholische Pfarrer von Dorpat, ein Jesuit." Dem katholischen Redner wurde großer Beifall gezollt. In den Morgenandachten wurde das Vaterunser betrachtet. Hoffmann wurde gebeten, die erste Andacht zu halten.
An diesem Beispiel wurde ein besonderes Talent Hoffmanns illustriert. Auf Grund seiner tiefen Religiosität konnte er aus Fremden, Unbekannten und Voreingenommenen eine Gemeinschaft von sich öffnenden Menschen formen.
Am Tag vor der Eröffnung der Abrüstungskonferenz in Genf rief der Versöhnungsbund zu einer Volksversammlung am Tagungsort auf, um die Wichtigkeit der Abrüstung zu unterstreichen. Redner aus verschiedensten Nationen gaben dem Verlangen der Völker nach Abrüstung Ausdruck.
Hoffmann sollte für die Deutschen sprechen. Trotz Gelbsucht und einer riskanten Flugreise bei widrigstem Wetter war er zur Stelle.
Dem Versöhnungsbund ähnlich war und ist der Weltbund für Freundschaft der Kirchen „The World Alliance for friendship between churches", der seinen Namen dann in „World Alliance for peace through churches" änderte.
Zu den führenden Köpfen gehörte der Erzbischof von Uppsala/Schweden Nathan Söderblom († 1931). Auch diesem Bund gehörte Hoffmann an und besuchte alle Jahresversammlungen zwischen den Weltkriegen. Anläßlich der Tagung in Prag bezeichnete er als „wertvollste Bekanntschaft" die mit dem Prager evangelischen Theologen Professor Josef Hromadka (†1969). Dieser wurde nach dem zweiten Weltkrieg Präsident der in der DDR entstandenen Christlichen Friedenskonferenz.

Beide Vereinigungen waren Bahnbrecher auch auf ökumenischem Gebiet und förderten die beiden Weltfriedenskonferenzen aller Religionen, die 1929 in Genf und 1931 in Frankfurt am Main tagten. Hoffmann war beide Male der einzige katholische Priester unter den Teilnehmern. Als in Deutschland der Friedensbund deutscher Katholiken gegründet wurde, sollte Hoffmann der erste Präsident werden. Er besprach sich mit seinem Bischof, Kardinal Bertram. Daraufhin lehnte er die Präsidentschaft ab. Hoffmann war an die Grenzen seiner vielen Verpflichtungen gekommen. An den Zusammenkünften des Bundes an seinem Wohnsitz aber nahm er aktiv teil. Unmittelbar vor der Nazizeit sprach Hoffmann in Breslau auf einer Protestkundgebung gegen den Antisemitismus, einer der größten Aktionen dieser Art in der Oderstadt. Bei Friedensversammlungen in Essen und Brünn (Mähren) war Hoffmann einer der Redner.
Im Jahre 1932 fand der Internationale Friedenskongreß in Wien statt. Es sollte das letzte Mal sein. Hoffmann benutzte die Gelegenheit, die Leo-Gesellschaft in Wien über den Kongreß zu unterrichten. Diese Gesellschaft war die Vereinigung österreichischer Katholiken zur Pflege der Wissenschaften. Vorsitzender war damals Professor Theodor Innitzer, der spätere Kardinal und Erzbischof von Wien († 1955). Der Vortrag war so gut, daß er unter dem Titel „Die Kirche und der Friede. Von der Friedenskirche zur Friedenswelt“ in Buchform erschien. Die Gestapo beschlagnahmte und vernichtete dieses Werk.
Was sich bei Hoffmann abzeichnete, galt für viele führende Persönlichkeiten in der Friedensbewegung. Sie engagierten sich gleichzeitig in der Ökumene, damit die Christenheit ein Beispiel des Friedens gebe. Das II. Vatikanische Konzil bezeichnete die Kirche Jesu Christi als das „sacramentum mundi“, Zeichen des Heiles für die Welt.

VI.
Das besondere Anliegen: Versöhnung mit Polen

Der Internationale Friedensbund suchte einen Deutschen, dem man die Friedensarbeit mit dem Nachbarland Polen anvertrauen konnte, und fand ihn in Hoffmann. Er tat dies gern und mit ganzem Herzen. Nicht nur, weil ein Schwager sowie der Mann seiner Cousine Polen waren und er von Jugend auf in Glogau und beim Studium in Breslau viele polnische Freunde hatte. Er wußte um die Dringlichkeit des Anliegens.

Schon als Kaplan in Liegnitz erlernte er die polnische Sprache, um die „Sachsengänger", wie man die polnischen Saisonarbeiter für die Erntezeit nannte, seelsorglich betreuen zu können.

Von der Insel Rügen bis Sachsen strömten alljährlich zehntausende polnische Landarbeiter nach Deutschland. Auf den Rittergütern baute man primitive Massenquartiere zum Übernachten, die man „Schnitterkasernen" nannte. Die katholische Kirche Deutschlands reagierte verantwortungsbewußt. Im Erzbistum Breslau wie auch im Bistum Hildesheim wurde für die Priester ein deutsch-polnisches Gebetbuch herausgegeben, das vor allem die Beichte ermöglichte.

Zum Beispiel baute in der Diaspora Rügens der Bonifatiusverein in Paderborn 1912/13 eine Kirche in Garz für die polnischen Landarbeiter, die beim Bau kräftig mithalfen.

Hoffmann bereitete damals in Liegnitz etwa hundert polnische Jugendliche auf die Firmung durch den Breslauer Oberhirten vor, die wegen der Erntearbeit in Deutschland die heimischen Firmtermine verpaßt hatten.

In Breslau war Hoffmann bekannt als der polnisch beichthörende Priester.

Hoffmann hatte in der Öffentlichkeit und in vielen Aufsätzen die Ansicht vertreten, daß die drei Teilungen Polens Unrecht waren und somit die Wiederherstellung des polnischen Staates nach dem ersten Weltkrieg eine Wiedergutmachung durch die Geschichte war.

Als die polnische Friedensgesellschaft in Warschau ein deutsches Mitglied des Versöhnungsbundes zu einem Vortrag einlud, fuhr Hoffmann dorthin und sprach vor einem zahlreichen und gebildeten Publikum. In seinen Lebenserinnerungen konstatierte der Professor freudig: „Das war der Anfang einer richtigen Friedensmission, einer echten Friedensarbeit in Polen."

Sein Ausscheiden aus dem Schuldienst 1927 und das nun beginnende wissenschaftliche Forschen ermöglichten es ihm, Polen mehrmals jährlich zu besuchen. In allen Universitätsstädten und den meisten Bischofssitzen des Landes knüpfte er wichtige Beziehungen zugunsten der Friedensarbeit. Er warb für die deutsch-polnische Versöhnung bei Bischöfen, Professoren, Priestern und Ordensleuten, Akademikern, Katholiken sowie Andersgläubigen und Sozialisten. Seine Gesprächsbereitschaft brachte ihm viel Sympathie und Freundschaft ein. Unter denen, die sein Bemühen förderten, waren die unterschiedlichsten Persönlichkeiten: der Erzbischof der Unierten Ruthenen in Lemberg Graf Szeptycki, der dortige Erzbischof der Armenier Theodorowicz, der Primas von Polen August Kardinal Hlond († 1948), der lutherische Bischof Bursche, der spätere Bischof von Kattowitz Adamski und die Juristen Diamant, Lipacewicz und Rostworowski, der polnische Richter beim Internationalen Schiedsgericht in Den Haag/Holland.

Neben der Kleinarbeit der persönlichen Gespräche hielt Hoffmann viele öffentliche Vorträge, so an fast allen polnischen Universitäten. In Krakau war die Resonanz so groß, daß ihm der Dekan der theologischen Fakultät den Saum seines Gewandes küßte, und Polens damals berühmtester Jesuit Rostworowski (ein Bruder des oben erwähnten Juristen, der Verf.) umarmte ihn vor einer begeisterten Zuhörerschaft und gab ihm den Friedenskuß.

Der Vortrag im Saal des deutschen evangelischen Vereinshauses in Posen endete in ähnlich erhebender Atmosphäre. Hoffmann war der erste Deutsche, der nach der Rückkehr Posens zu Polen sprach. Als die in Poznań erscheinende große deutsche Tageszeitung „Posener Tageblatt" in einem Artikel seine Ausführungen total ablehnte, suchte Hoffmann die Redaktion auf. Die Debatte schloß mit der bösen Feststellung: „Sie sind ein Feind der Deutschen, sie wollen Frieden und darum verzichten Sie auf Posen. Wir wollen, daß Posen wieder deutsch wird, auch wenn es nur durch Krieg geschehen kann."

Mit Hoffmann fand 1930 in Sromowce in den Pienien, einem Gebirgszug der Beskiden, eine deutsch-polnische Konferenz für die Jugend statt. Am Schluß verlieh man ihm in Dankbarkeit das Abzeichen der polnischen Pfadfinder ehrenhalber.

Für 1927 sollten die Friedensbemühungen in einer Konferenz in Polens Hauptstadt gipfeln. Vor diesem Wagnis warnte der damalige Primas von Polen, Alexander Kardinal Kakowski, der Hoffmann sagte: „Sie werden eine Enttäuschung erleben. Unser Volk ist noch nicht soweit, daß man es von heute auf morgen für den Frieden mit dem jahrhundertelangen Gegner bewegen kann." Trotz allem gelang diese

Konferenz. Wieder war es Hoffmann, der das erste Referat hielt, das ein gutes Klima bewirkte. Sein Thema „Die Propheten und der Friede“ stellte die Weichen für eine breite Aussprache über eine Voraussetzung für gegenseitiges Verstehen: Die geschichtliche Vergangenheit und ihre Auswirkung auf den Charakter eines Volkes wurden dem Gesprächspartner offen dargelegt. Unter den deutschen Teilnehmern waren auch Nikolaus Ehlen und der 1944 von den Nazis hingerichtete Pfarrer von Greifswald Alfons Maria Wachsmann.

Das Eis war gebrochen und ein Anfang gewonnen. Die deutsch-polnische Aussöhnung beschäftigte die Öffentlichkeit, und neue Streiter für den Frieden aus allen Schichten beider Völker reihten sich ein. Die 2. deutsch-polnische Friedenskonferenz fand 1929 im Kloster der Dominikanerinnen in Berlin-Hermsdorf statt. Pater Stratmann OP hatte mit der Berliner Ortsgruppe die Vorbereitung in der Hand und hatte auch den Nuntius Eugenio Pacelli († 1958 als Papst Pius XII.) eingeladen. Dieser konnte nicht kommen, wollte der Konferenz aber ein Schreiben senden, das er bat, persönlich abzuholen.

Hoffmann und Kaspar Mayr aus London, der Sekretär des Internationalen Versöhnungsbundes, übernahmen diesen Weg. Erzbischof Pacelli besprach mit seinen Gästen eine Stunde lang den Inhalt des Briefes. Da er die spätscholastische Ansicht von der Möglichkeit eines „gerechten Krieges“ enthielt, widersprach Hoffmann auf Grund seiner Kenntnis des Weltkrieges. Ein moderner Krieg sei so schrecklich, daß ihn nichts rechtfertigen könne.

Der Berliner Dompropst Bernhard Lichtenberg († 1943 in Hof auf dem Transport in das KZ Dachau) verlas den Brief als der Ranghöchste der anwesenden Geistlichen. Hoffmann stufte die Berliner Tage mit den Worten ein: „Auch diese Tagung hat ihr Ziel erreicht, das Dickicht der Fremdheit zwischen unseren beiden Völkern zu lichten und zu einer gerechteren gegenseitigen Würdigung zu führen.“ Im Jahr 1932 jagte eine Verpflichtung die andere. Öffentliche Versammlungen hielt Hoffmann in Posen, Bromberg und Königsberg. Sehr wichtig waren ihm Aussprachekreise in kleiner Runde wie in Posen, Thorn, Bromberg, Elbing, Allenstein, Braunsberg, Königsberg, Danzig, Kattowitz und Königshütte.

Im selben Jahr hatte Hoffmann den schon erwähnten französischen Parlamentarier Marc Sagnier im Auftrage von Kardinal Hlond aufgesucht und dafür gewinnen können, 1933 den nächsten Friedenskongreß in Polen zu halten. Hoffmann war maßgeblich an den Vorbereitungen beteiligt, aber mit dem Machtantritt der Nazis zerschlug sich alles.

Hoffmann wurde sofort der Paß weggenommen. Auf seinen Protest erklärte ihm der Polizeipräsident von Breslau: „Ich habe mich auf Ihren Besuch vorbereitet.

Diese zwei Bände, die vor mir liegen, sind die Nachschriften aller Vorträge, die Sie in Polen gehalten haben. Ich habe sie mir noch einmal angesehen. Sie werden nie wieder einen Paß bekommen.“

VII.
Wegbereiter der Ökumene

Von welcher Seite wir bislang das Leben von Hermann Hoffmann betrachteten, immer war kennzeichnend sein Wille zur Zusammenarbeit mit allen Menschen guten Willens, besonders mit Christen anderer Bekenntnisse. Was ihm selbstverständlich war, bedeutete in den ersten Jahrzehnten des 20. Jahrhunderts eine große Ausnahme.

Nach dem ersten Weltkrieg waren in Deutschland zwischen evangelischen und katholischen Theologen die ersten Una-Sancta-Kreise entstanden. Der bedeutendste war in Berlin von Superintendent Joachim Ungnad und Max Josef Metzger gegründet worden. Der Breslauer Kreis hatte in Hoffmann und seiner Wohnung den Mittelpunkt.

In den Zeitschriften der evangelischen Theologie-Professoren Siegmund-Schultze, Friedrich Heiler († 1967) und Karl von Martin wurde das ökumenische Anliegen angesprochen, und Hoffmann gehörte zu den ständigen Mitarbeitern dieser Publikationen. Der bekannte spätere evangelische Bischof von Oldenburg Wilhelm Stählin († 1975) gründete als Professor die Michaels Bruderschaft, welche die Ökumene bewußt bejahte.

Der Begriff der Ökumene hatte allerdings aus der Sicht der Kirchen der Reformation einen zweifachen Aspekt. Zuerst verstand man unter Ökumene das Bestreben, die Zersplitterung und Aufspaltung im eigenen evangelischen Lager zu heilen, um dann, mit möglichst gemeinsamer Stimme mit der Orthodoxie und Rom eine gesamtchristliche Einheit anzustreben.

Diesen zwei Zielen sollten der Weltbund für die Freundschaftsarbeit der Kirchen und die für 1925 geplante Weltkonferenz in Stockholm dienen. Beide waren einem „Mann großen Formates" (Selma Lagerlöff, † 1940) zu danken, dem evangelischen Erzbischof und Primas von Schweden, Nathan Söderblom († 1931). Man nannte ihn den „Kirchenvater der Eintracht". Er erhielt 1930 den Friedensnobelpreis.

Auf Söderbloms Initiative sandten 1921 die evangelischen leitenden Bischöfe von Skandinavien dem Papst ein Schreiben. Man informierte über die geplante Weltkonferenz, um die römische Einstellung zu erkunden. Der Papst bedankte sich durch Kardinal Pietro Gasparri († 1934), überging aber das Angebot einer Ein-

ladung. „Non possumus" – Wir können nicht, Wir haben Grundsätze zu vertreten. Daraufhin unterblieb später eine offizielle Einladung nach Stockholm.
Hoffmann erhielt eine Einladung und wußte, daß er der einzige Katholik war, dem eine solche zuteil wurde. Er beriet sich mit dem Breslauer Generalvikar Prälat Dr. Alfons Blaeschke († 1950), der zugleich Dompropst war. Es kam zu folgender Überlegung: Wenn Kardinal Bertram, als der zuständige Bischof, offiziell um eine Teilnahme-Erlaubnis angegangen würde, müßte er wohl nein sagen. Da Hoffmann aber als hauptamtlicher Religionslehrer vom Staat angestellt und besoldet würde, was mit Einverständnis seines Bischofs geschah, bekäme er auch seinen Urlaub vom Staat, den er verbringen könne, wo er wolle, ohne den Bischof informieren zu müssen. Man ließ also Hoffmann reisen, ohne offiziell eine Billigung ausgesprochen zu haben. Das volle Risiko, falls ein Ärgernis daraus entstehen sollte, trug Hoffmann selbst.
So fuhr der Professor nach Stockholm und nahm sowohl an der Jahresversammlung des Weltbundes als auch der Weltkonferenz teil. Beide Tagungen folgten aufeinander, um den vielen, die auf beiden Zusammenkünften engagiert waren, eine doppelte Reise zu ersparen und zugleich die Gemeinsamkeit des ersten Ereignisses für das zweite fruchtbar zu machen.
Die Stockholmer Weltkonferenz behandelte den ersten Teil des Gesamtthemas „Allgemeine Konferenz der Kirche Christi für praktisches Christentum" und bekam die Bezeichnung „For Life and Work". In Lausanne wurde 1927 fortgesetzt mit „For faith and order". Auf eine Kurzformel gebracht, könnte man als das Ziel beider Zusammenkünfte nennen: Für Praxis und Theorie des Christentums und der Kirche. Hoffmann war bei beiden Konferenzen der einzige katholische Teilnehmer. Vor allem die deutschen Abgesandten, die glaubten unter sich zu sein, waren überrascht. Der deutsche Botschafter in Schweden gab einen Empfang für die deutsche Delegation und fragte Hoffmann: „Der Papst ist dagegen und trotzdem sind Sie hier?" Hoffmann korrigierte, daß der Papst nicht dagegen sei, sondern nur eine katholische Beteiligung abgelehnt habe. Wörtlich interpretierte er seine Anwesenheit: „Ich bin nicht hier als freundlicher Beobachter für den Papst, sondern als freundlicher Beobachter für mein Interesse an den Vorgängen in der Kirche überhaupt."
Für den einzigen Katholiken interessierte sich natürlich auch die Presse. Die große Tageszeitung „Dagens Nyheter" brachte am ersten Sonntag der Konferenz auf der ersten Seite sein Bild und das einem Journalisten der Zeitung gegebene Interview.
In seiner Bischofsstadt Uppsala empfing Söderblom Hoffmann zu einem längeren

Gespräch. Der Erzbischof legte Wert auf die Feststellung: „Es ist meine feste Überzeugung, daß ich durch meine katholischen Vorgänger in echter apostolischer Sukzession stehe." Und in anderem Zusammenhang: „In Schweden war die katholische Kirche intakt, wir hätten keine Reformation nötig gehabt. Wir haben uns vom Papst getrennt, weil Gustav Wasa das Kirchengut für die Krone beanspruchte, was der Papst nicht genehmigte."

Bei anderer Gelegenheit in Stockholm erklärte Söderblom seinem erstaunten Sekretär: „Professor Hoffmann ist nicht der einzige Katholik, alle Anwesenden sind katholisch." So verstand Söderblom „evangelische Katholizität" in einem ökumenischen Sinn. Kennzeichen der Kirche Jesu Christi, die als Bezeichnungen gegnerischer Konfessionen einseitig gebraucht wurden, sollten wieder zu einer Gesamtcharakterisierung des Christlichen werden. Wie zu erwarten, traten in Stockholm die verschiedenen Meinungen und Einstellungen der vielen, von der Geschichte geprägten christlichen Kirchen und Gemeinschaften offen zutage. Söderblom gelang es trotzdem, die Bereitschaft zum Hören und Sprechen immer wieder zu beleben und Verständnis dafür zu wecken, daß man im Gespräch bleiben müsse. Er gab zu bedenken: „Wir befinden uns alle am Rande eines Kreises, in dessen Mitte das Kreuz steht; in dem Maße, in dem wir auf die Mitte zugehen, werden wir auch einander näherkommen."

Wegen des Endes seiner Schulferien konnte Hoffmann nicht bis zum Schluß der Weltkirchenkonferenz bleiben. Sein Alleingang aber hatte viele zum Nachdenken gebracht, daß man trotz offizieller Abwesenheit Rom nicht ausklammern dürfe. Dieser katholische Priester war in Stockholm ja nicht aus Opposition zum Papst, sondern warb um ein Verständnis für die Zurückhaltung Roms.

Der Breslauer Professor setzte mit seiner Anwesenheit ein Zeichen der Hoffnung, das in Zukunft auch offiziell eingelöst wurde.

Zurückgekehrt, berichtete Hoffmann in vielen Versammlungen über die Ereignisse von Stockholm. Lebhaftem Interesse auf evangelischer Seite stand ein geringes katholischerseits gegenüber.

Der Einzelkämpfer bedauerte: „Die Katholiken hatten eben den ökumenischen Weg noch nicht – mit wenigen Ausnahmen – betreten." – Kardinal Bertram hielt es für opportun, sich keinen Bericht geben zu lassen.

In diesem Jahr 1925 war Hoffmann ein weiteres Mal der einzige katholische Geistliche, als in Helsinki der christliche Weltstudenten- und Weltjugendbund (Young Man Christian Association, abgekürzt YMCA) unter seinem Begründer, dem amerikanischen Protestanten John Raleigh Mott (Friedensnobelpreisträger, † 1955), die Jahresversammlung abhielt.

Als 1927 die 2. Weltkirchenkonferenz im Schweizer Lausanne zusammentraf, war neben Hoffmann ein zweiter Katholik zur Stelle, Dr. Max Josef Metzger. Das Tagungsthema „For faith and order" behandelte Glauben und Kirchenverfassung. Das Ziel war, die in sich zerrissene Christenheit auf den Weg zu führen, die von Christus gewollte Einheit anzustreben.
Nach Überwindung vieler Schwierigkeiten kam es in Utrecht 1938 durch die Gründung des Ökumenischen Rates der Kirchen mit Sitz in Genf zu einem ersten Schritt.
Einer der Vizepräsidenten wurde der Franzose Marc Boegner. Hoffmann hatte 1923 zusammen mit ihm in Nyborg über die Erbfeindschaft zwischen Franzosen und Deutschen referiert. Über Lausanne erstattete Dr. Metzger dem Erzbischof von Freiburg im Breisgau, Dr. Karl Friedrich Fritz, einen umfassenden Bericht.
Papst Pius XI. veröffentlichte 1928 die Enzyklika „Mortalium animos" („Über die Art und Weise, die wahre Einheit der Religion zu fördern").
Veranstalter und Teilnehmer der Konferenzen von Stockholm und Lausanne wurden als „Panchristiani" bezeichnet. Die Zugehörigkeit zur Kirche Christi sei allein in der römisch-katholischen Kirche gegeben. – Es war noch ein weiter Weg bis zu den Öffnungen und Anerkennungen durch das 2. Vatikanische Konzil.
Es gab damals aber auch katholische Gegenstimmen. In der Beilage der „Germania", namens „Das neue Ufer", geleitet von Friedrich Muckermann SJ († 1946 im Schweizer Exil) erhob in der Nr. 4 vom 11. Februar 1938 der Jesuit Böminghaus die Frage, ob man nicht empfunden habe „es sei doch etwas Erschreckendes, wenn der Papst die dargereichte Hand zurückweise"?
Der Protest von Erzbischof Söderblom erschien in schwedischer Sprache in der Zeitung „Stockholms Tidningen", in deutscher Sprache in der Vierteljahresschrift für Freundschaftsarbeit der Kirchen „Die Eiche", herausgegeben von Professor Dr. F. Siegmund-Schultze.
Hoffmann war zwischen die Fronten geraten, aber er gab nicht auf. Söderblom hatte einmal scherzhaft gesagt: „Professor Hoffmann kennt alle ketzerischen Bischöfe", und der so Gerühmte hatte ergänzt „. . .aber auch viele orthodoxe Bischöfe". Der Mann der weltweiten Kontakte ging geduldig brieflich oder im Gespräch den Weg des freundschaftlichen Fühlunghaltens. In besonderer Weise lag ihm am Herzen die behutsame theologische Kleinarbeit und vertrauensvolle Atmosphäre in den Una-Sancta-Kreisen, zumal in Breslau. Zu den evangelischen Geistlichen, die an diesen Zusammenkünften teilnahmen, gehörten der spätere Theologieprofessor in Bonn, Dr. Joachim Konrad, sowie der künftige evangelische Bischof in Görlitz, Dr. Ernst Hornig († 1976), und sein Nachfolger Hans Joachim Fränkel.

Mit den ersten polnischen Behörden 1945 kam aus Warschau der evangelische Theologieprofessor Michelis und schloß sich diesem Una-Sancta-Kreis an.
Anläßlich des 5. Todestages von Söderblom († 12. Juli 1931) gab die Zeitschrift „Eine heilige Kirche“, herausgegeben von Professor Friedrich Heiler, 1936 in München ein Sonderheft heraus. Beiträge und Erinnerung schrieben der Erzbischof von Schweden Yngve Torgny Brilioth, Nikolai Glubokowski, Professor an der Petersburger geistlichen Akademie, und Hermann Hoffmann.
Hoffmanns Beitrag sei im Wortlaut eingefügt:
Der Herold der evangelischen Katholizität
Erinnerungen und Eindrücke eines Katholiken
Fünf Jahre schon trennen uns vom Todestag des großen Erzbischofs Söderblom. Daß ich ihn gekannt und immer wieder getroffen und vielmal gesprochen, erscheint heute der dankbaren Erinnerung als bereichernde Fügung.
Uppsala und Stockholm, Helsingfors, Lausanne und Prag waren die Orte, wo wir uns trafen. Wer das ökumenische Geschehen des letzten Jahrzehnts wachend oder betend oder sorgend miterlebt, weiß, was diese Stationen kirchlichen Werdens bedeuten.
In seinem Hause in Uppsala sahen wir uns 1925 zum ersten Male. Ich war damals Gast im Hause des katholischen Bischofs Erik Müller in Stockholm. Natürlich kam die Unterhaltung auch auf Bischof Müller. Nur wer die entschiedene Art, zu sein, sich zu geben und zu arbeiten bei Bischof Müller und seinem Vorgänger Erzbischof Bitter kennt und um die Spannung weiß, unter der damals Bischof Müllers Tätigkeit litt, kann beurteilen, was Söderbloms Urteil: „Bischof Müller ist ein christlicher Mann“ bedeutete. Der Katholik neigt dazu, in solchem Urteil einen Gemeinplatz zu sehen, und versteht oft nicht, daß dieses Urteil aus evangelischem Munde hohes, ja höchstes Lob bedeutet. Das und noch mehr bedeutete Söderbloms Urteil über Bischof Müller in jenen Tagen heftigen Pressestreites gegen den katholischen Bischof.
Kurz darauf sahen wir uns oft in Stockholm bei der Tagung des Weltbundes für Freundschaftsarbeit der Kirchen. Ich stand in einem Gespräch mit Dr. Neander, der mir gerade von seinem Besuch beim Papst erzählte. Der Erzbischof kam vorüber; Neander rief ihn herbei, um ihm den einzigen Katholiken, der auf der Tagung anwesend war, vorzustellen. Söderblom sagte: „Wir kennen uns längst, aber Professor Hoffmann ist nicht der einzige Katholik auf der Tagung.“ „Wer ist denn noch da?“ fragte Neander gespannt. „Noch viele“, erwiderte der Erzbischof, „alle, die hier sind, sind katholisch.“ Neander war enttäuscht; aber wir unterhielten uns über seine Auffassung. Ich sagte dem Erzbischof und anderen: „Ich glaube, die

meisten Anwesenden würden das ablehnen oder leugnen und die es zugeben, haben es vor fünf Jahren alle noch nicht gewußt, daß sie katholisch seien." Der Erzbischof gab mir recht, blieb aber bei seiner Auffassung. Jeder Katholik sieht sofort, daß damit nichts anderes gemeint sein kann als die Lehre, daß das Sakrament der Taufe uns zu Gliedern des corpus Christi mysticum, also zu Gliedern seiner einen, heiligen, katholischen und apostolischen Kirche macht und daß diese Gliedschaft durch nichts anderes als durch bewußte Aufgabe des Glaubens an Christus aufhören kann.

Es war in Prag. Die Führer der verschiedenen Kirchen sammelten sich zu gemeinsamem Einzug in eine Versammlung. Ich kam dazu und begrüßte die verschiedenen Bekannten unter ihnen; ich kannte sie wohl alle. Söderblom freute sich darüber und sagte: „Sie kennen wohl alle Ketzerbischöfe?" Als ich sagte: „Ich rechne die Herren nicht zu den Ketzern", verbesserte er sich: „Sie kennen anscheinend alle häretischen Bischöfe." „Auch dazu kann ich Sie nicht rechnen", erwiderte ich. „Was bin ich denn da eigentlich?" fragte der stets an Scherz sich freuende Erzbischof und nahm willig die Aufklärung hin, daß der heutige katholische deutsche Sprachgebrauch die Worte Ketzer und Häretiker nur auf die bewußt die Lehre der Kirche Ablehnenden anwendet.

Der Zugang zum Katholischen war Söderblom nicht leicht, und zwar um so weniger, als Theorie und Praxis seines Luthertums Katholisches bewahrt hatten. Zwar wird jeder Katholik im Verkehr mit ihm den Reichtum seiner Menschlichkeit und die Tiefe seiner Christlichkeit empfinden und immer wieder sich gefragt haben, ob Söderblom in seinem tiefen Christentum ein so gewinnender Mensch geblieben oder geworden sei. Und gewiß wird jeder Katholik im Verkehr mit ihm die tiefe Verwurzelung seines Wesens in Christus empfunden haben. Und gewiß hat kein Katholik aus seinem Munde ein ihn in seinem Glauben verletzendes Wort vernommen; im Gegenteil wahrscheinlich sogar manches anerkennende Wort. Ich denke z. B. daran, wie er einmal fast begeistert von seinen katholischen Vorgängern auf dem bischöflichen Stuhl von Uppsala sprach, denen er die Gewißheit der apostolischen Sukzession verdanke. Ich denke an manches günstige Wort ehrlicher Anerkennung über Katholiken, die über die ökumenische Bewegung geschrieben haben. Gewiß hat er in katholischen Fragen gelegentlich irrige Dinge gesagt; aber dann nahm er Berichtigung und Belehrung auch willig an. Sein Briefwechsel mit dem weltberühmten P. Wilhelm Schmidt, S. V. D., kann darüber mancherlei Aufklärung geben. Ich selber erinnere mich, wie ich ihm in Prag einst widersprochen, als er die Reformationskirchen die Kirchen des Kelches und des Buches genannt hatte. Ich sagte ihm, daß diese Beiworte eigentlich der Vergangenheit angehörten, wenn sie von der katholischen Kirche das Gegenteil des an den protestantischen Kirchen Gerühmten aussagen wollten. Man könne doch heute den Gegensatz oder Unterschied nicht mehr in Wertung oder Nichtwertung, in Benützung oder Nichtbenützung der heiligen Schrift durch die Laien sehen. Er gab sofort zu, daß in bezug auf das Bibellesen in der katholischen Kirche von heute vieles anders geworden sei. Daß aber jeder Katholik (nach Kanon 876 des Codes juris canonici) die heilige Kommunion nach jedem katholischen Ritus, also auch unter beiden Gestalten empfangen könne, das wußte er nicht; und ich sagte ihm, daß leider auch viele Katholiken das nicht wüßten.

Trotz alledem aber ist zu sagen, daß ihm der Zugang zur Papstkirche und zu ihrem Verständnis schwer geworden ist. Die Ablehnung des Papstes, an der Konferenz von Stockholm teilzunehmen, hat ihn ehrlich enttäuscht. Und diese Enttäuschung ließ ihn gelegentlich ein Urteil fällen, das weniger verstehend für die Beweggründe der päpstlichen Haltung war. Gegenüber der Enzyklika Mortalium animos des Papstes Pius XI. gilt diese Beobachtung in verschärftem Maße. Es ist interessant, etwa anglikanische Äußerungen mit den seinigen zu vergleichen. So verstärkte sich bei nicht wenigen der Eindruck, daß er für die Orthodoxen mehr Freundlichkeit und Verständnis aufgebracht habe, als für die katholische Kirche. Dabei sprach natürlich mancherlei mit. Der katholischen Kirche gegenüber schwang bei ihm verständlicherweise eine Art Furcht vor ihrer gewaltigen Rechtsorganisation mit, die der orthodoxen gegenüber völlig fehlte. Diese ließ den Gedanken an Macht nicht aufkommen, der bei der katholischen Kirche nun wieder in ihm den Gedanken an all das andere, was zu ihrem Wesen gehört, schwer aufkommen ließ.

Augustinus' Wort: Timeo virum unius libri (Ich fürchte den Mann eines Buches) möchte ich bei Söderblom so umdeuten: Ich habe Ehrfurcht vor dem Mann eines Gedankens. Söderbloms Gedanke war die evangelische Katholizität. Was seine späteren Bücher und Reden enthalten, das hat vor dem Krieg der Leipziger Privatdozent Rosenstock-Hüssy alles immer wieder von dem Leipziger Professor Söderblom gehört. So organisch und zielstrebig war Söderbloms Entwicklung zum Herold der evangelischen Katholizität und zum Propheten der ökumenischen Bewegung. Aus diesem Gedanken ergab sich für Söderblom die Möglichkeit eines Zusammenschlusses der Kirchen zu Life and Work. Die katholischen Vorbehalte zu seiner ökumenischen Lebensarbeit sind bekannt und brauchen hier nicht wiederholt zu werden. Sie hindern aber nicht, daß auch der Katholik die Gedanken Söderbloms versteht und in Achtung und Ehrfurcht diese Arbeit des großen ökumenischen Theologen würdigt. Sie hat die Idee der Kirche für ungezählte Christen zu lebendiger Wirklichkeit und ihre Einheit zum Ziele heiligen Hoffens, Betens und

Wirkens gemacht. Sie hat die zentrifugalen und auflösenden, die individualistischen und liberalen Strömungen in der Kirche oder gegen die Kirche weithin zum Stehen gebracht. Sie hat der Theologie, der heiligen Wissenschaft im eigentlichen Sinne, neue Anregungen gegeben und neue Aufgaben gezeigt. Sie hat viele Kirchen bzw. viele Glieder verschiedener Kirchen in persönliche Beziehung gebracht und zur gemeinsamen Arbeit an gemeinsamen Zielen geführt. Sie hat die Kirchen des Ostens mit dem christlichen Ringen der Reformationskirchen in Berührung gebracht, oder soll man sagen, den Reformationskirchen Kenntnis und Ehrfurcht vor der christlichen Substanz erweckt, wie die Ostkirchen sie bewahrt haben. Sie hat viele über den Kirchen *die* Kirche sehen gelehrt, aber viele auch die Verantwortung der Kirche für die Ordnungen dieser Welt.

Mit Ehrfurcht und Bewunderung wird jeder Katholik, dem ökumenische Verantwortung auf dem Gewissen liegt, die Leistung des großen Christen anerkennen, der vor fünf Jahren von uns ging. Als er von uns ging, hatte er aus seiner ökumenischen Lebensarbeit sicherlich das eine gelernt, das wir alle gleich ihm gelernt haben: Die Wiedervereinigung der getrennten Christen und Kirchen ist schwerer, als es 1925 schien.

Aber es ist im Geiste des Heimgegangenen, sich immer wieder zu sagen: Die Größe der Schwierigkeit nimmt uns auch nicht das Geringste unserer ökumenischen Verpflichtung.

Aus dem Schwedischen

DAGENS NYHETER – 9. 8. 1925 (Stockholm)

EIN KATHOLIK UNTER 150 ANDERSGLÄUBIGEN

Professor Hoffmann über seine Eindrücke in Stockholm
Eine katholische Allianz?

Selbständige katholische Friedensorganisation nicht undenkbar

Wie fühlt man sich als einziger Katholik unter 150 Andersgläubigen, protestantischen Pastoren, Gemeindepfarrern, Bischöfen, Generalsuperintendenten, orthodoxen Archimandriten, Vikarsbischöfen, Metropoliten ... Kommt man sich da vor wie eine Schlange im Ameisenhaufen? Oder ist das Trennende vielleicht doch nicht so gravierend, daß es sich auf ein erträgliches Maß reduziert?

Vor dieser Frage stand Professor Hoffmann, der einzige Katholik auf der Konferenz der kirchlichen Friedensallianz. Die ganze Zeit über saß er auf einer Bank unter den anderen Kirchenleuten und lauschte schweigend einem Redner nach dem anderen; doch einsam wirkte er durchaus nicht. Keinem ist entgangen, daß Delegierte sowohl seines eigenen Landes als auch anderer Staaten auf ihn zugingen und ihn nach seiner Meinung befragten.

„Nein, ich habe mich“, wie er selber sagt, „nicht einsam und als Außenseiter gefühlt. Was hier zur Verhandlung anstand, betrifft ja nicht Bekenntnisfragen oder Themen, bei denen unterschiedliche konfessionelle Richtungen sichtbar würden. Jeder beliebige Katholik hätte bei diesen Verhandlungen dabei sein können, und ich muß sagen, es hat mich sehr gefreut zu sehen, wie der Geist dieser Versammlung wirklich christliche Versöhnung dokumentiert, d. h. daß eine Nation neben der anderen sitzen konnte, um durchaus auch trennende Fragen zu behandeln, wenngleich im praktischen Endergebnis nicht viel dabei herauskam. Was hier ins Gewicht fällt, sind nicht Resolutionen und Beschlüsse, vielmehr die persönlichen Kontakte zwischen Mensch und Mensch. Die Aufnahme, die ich hier gefunden habe, bringt mich zu dieser Überzeugung – die Aufnahme seitens der Konferenz als solcher wie auch von schwedischer Seite. – Ob es denkbar wäre, daß z. B. meine eigene Kirche einmal der Weltallianz beiträte? – Ja, undenkbar ist das nicht; natürlich bestehen dafür noch erhebliche Hindernisse. Viele Protestanten denken vielleicht, es sei besser, wenn ihre Kirchen in eigener Regie arbeiteten, und viele Katholiken könnten der Meinung sein, die katholische Kirche sei schon eine Weltallianz für sich. Allerdings könnte ich mir die Bildung einer vergleichbaren katholischen Allianz vorstellen und bin mir sicher, daß in dem Fall beide Organisationen ohne Schwierigkeiten zusammenarbeiten würden. Sie könnten zu ihren Konferenzen offizielle Beobachter entsenden, so wie ich ganz privat hier gewesen bin. Eine Konferenz könnte das Thema der anderen aufnehmen und prüfen, ob sie zum gleichen Ergebnis kommen könnte. Dies könnte ich mir so vorstellen, doch mehr kann ich dazu nicht sagen. Sicher ist nur, daß ich unter Katholiken mit meinem Interesse für ein solches Vorhaben nicht allein stehe. Wenn ich zurückkomme und über meine Erfahrungen hier berichte und publiziere usw., glaube ich schon, wird das Interesse weiter zunehmen. In welcher Weise das später Form annimmt, spielt vielleicht keine besondere Rolle. Die Hauptsache ist, daß etwas getan wird.

Es wird bestimmt etwas in Gang kommen, wenn alle Katholiken so weitblickend und tolerant wären. Doch das sind sie wohl nicht. Auch die Protestanten tun sich da möglicherweise schwer.“

H.

VIII.
Der Historiker

Hoffmann war ein begeisterter Pädagoge, und es war ein schwerer Einschnitt in sein Leben, als er 1927, nach zwanzigjährigem Dienst, von der Schule Abschied nehmen mußte. Die vielfachen Aufgaben, denen er sich ohne Schonung gestellt hatte, verursachten eine solche Schädigung des Herzens, daß sein Arzt ihm diesen Rat geben mußte. Er war zu einer längeren Erholungspause gezwungen.

Sein neuer Beruf wurde die wissenschaftliche Geschichtsforschung. Schon als Student, Kaplan und Religionslehrer hatte Hoffmann auf diesem Gebiet gearbeitet und besonders lokale Ereignisse der Vergangenheit dem Vergessen entrissen. Immer wieder war ihm die verdienstvolle Arbeit der Jesuiten in Schlesien auf seinem Lebensweg begegnet: In seinem Geburtsort Glogau hatten die Jesuiten ein Gymnasium gegründet, dessen Schüler er war. Als sein Gymnasium im Jahre 1926 dreihundertsten Geburtstag feiern konnte, gab Hoffmann zwei geschichtliche Festschriften heraus. Er studierte in Breslau an einer ehemaligen Universität des Ordens, war Kaplan an der Jesuitenkirche in Liegnitz und war Lehrer an einer einstigen Jesuitengründung, dem Matthias-Gymnasium in Breslau.

Er begann mit systematischen Archiv-Studien über die Jesuiten in Schlesien. Da diese zur böhmischen Ordensprovinz gehörten, führten ihn seine Quellenstudien für jeweils ein Jahr nach Prag, Wien und Rom. Das Ergebnis waren Monographien über die Jesuiten-Niederlassungen in Glogau, Sagan, Schweidnitz, Brieg, Deutschwartenberg, Hirschberg und Oberschlesien. In Vorbereitung waren wissenschaftliche Abhandlungen über Glatz, Liegnitz, Neiße und Breslau mit seiner Jesuiten-Universität. Als Abschluß war eine Gesamtgeschichte über das Wirken der Söhne des heiligen Ignatius in Schlesien geplant.

Als Hoffmann 1948 ausgesiedelt wurde, vermachte er seine Bücher der Dombibliothek und deponierte dort auch seine umfangreichen historischen Aufzeichnungen.

Durch Vermittlung von Otto Nuschke, dem Mitbegründer der CDU in der DDR († 1957), wurde dieses wissenschaftliche Material Mitte der fünfziger Jahre durch die polnischen Behörden nach Leipzig gesandt. Es ging nach seinem Tod in den Be-

sitz der Apostolischen Administratur in Görlitz über, vor allem das Zettelmaterial für eine Presbyterologie.
Hoffmann war auch der Herausgeber einer Reihe, die sich „Führer zu schlesischen Kirchen“ nannte, und begründete das „Archiv für schlesische Kirchengeschichte“, das gegenwärtig von Herrn Professor Dr. Joachim Köhler in Tübingen durch regelmäßige Veröffentlichungen fortgesetzt wird.
In Band 30 dieses Archivs schrieb 1972 der Altmeister der schlesischen Kirchengeschichte Msgr. Dr. Dr. Joseph Gottschalk, Fulda, anläßlich des Todes von Hermann Hoffmann:
„Einst war er einer der am weitesten bekannten Priester Schlesiens, von 1907 bis 1948 in Breslau, dann in Leipzig tätig. Um ihn trauert besonders das ‚Archiv für schlesische Kirchengeschichte‘, das er 1936 voll Mut und Vertrauen ins Leben rief und bis zum letzten Band (1971) mit Beiträgen bedachte. In den Jahren 1930 bis 1940 gab er die Reihe ‚Führer zu schlesischen Kirchen‘ mit 53 Heften heraus, die Mehrzahl von ihm selbst verfaßt.
Seine Serie ‚Zur schlesischen Kirchengeschichte‘ wuchs bis 1941 auf 45 Bände an. Die biographische Reihe ‚Schlesische Priester‘ erreichte 8 Hefte. Diese fruchtbare Tätigkeit als Verfasser und Herausgeber konnte er nur durchhalten, weil er ein hervorragendes Gedächtnis besaß und keine Stunde ungenutzt ließ. Fachwissenschaftler bedauerten gelegentlich, daß er die Quellen für seine Arbeiten oft nur am Anfang eines Buches zusammenfassend nannte. Unablässig arbeitete er an einer Darstellung aller einstigen schlesischen Jesuitenniederlassungen, wofür er in den Archiven von Prag, Wien und Rom reiches Material fand. Im Druck erschienen nur Geschichten der kleineren Niederlassungen; im zweiten Weltkrieg sind seine Sammlungen für die ältesten und wichtigsten in Glatz, Neiße und Breslau untergegangen. Wenigstens wurde die abschließende Arbeit ‚Friedrich II. von Preußen und die Aufhebung der Gesellschaft Jesu‘ gerettet und in der Reihe ‚Bibliotheca Instituti Historici S. J., vol. XXX 1969‘ in Rom veröffentlicht.
Bekannt sind Hoffmanns Bemühungen um den Quickborn, die Una-Sancta, die christlich-jüdische Verständigung und die Friedensbewegung. Ein Herzensanliegen war es ihm, Verständnis für das polnische Volk zu wecken. Seine Vita unter dem Titel ‚Im Dienst des Friedens‘ (Untertitel: Lebenserinnerungen eines katholischen Europäers, der Verf.) erschien im Verlag seines Schülers Dr. Konrad Theiss in Aalen. Wegen seiner fortschreitenden Blindheit konnte er alles nur aus dem Gedächtnis heraus diktieren. Auf den Seiten 367–389 steuerte Hans-Ludwig Abmeier eine Bibliographie von Hoffmanns Veröffentlichungen (372 Nummern) bei, ohne Vollständigkeit erreichen zu können, da seine Aufsätze in

den verschiedensten Zeitschriften und Zeitungen über 65 Jahre zerstreut vorliegen.
1943 hatte Hoffmann seinem gleichfalls aus Glogau stammenden Freund, Kanonikus Paul Kaleve, das Manuskript einer Geschichte der von diesem geleiteten Pfarrei St. Maria auf dem Sande zu Breslau mit einer Geschichte des Sandstiftes und der Sandkirche gewidmet. Dr. Theiss brachte sie, durch viele große Bildtafeln bereichert, am Jahresschluß 1971 heraus. Dafür hat sich Hermann Hoffmann, mit großer Freude das erste Exemplar in Empfang nehmend, noch herzlich bedankt. Dann erloschen die Augen des Mannes, der für die schlesische Kirchengeschichte Unvergängliches geleistet hat. Sein Antlitz halten Fotos im ‚Archiv' Band 26 (1968) und 14 (1956) fest."
Wie sehr Hoffmann Historiker aus Passion war, zeigte, daß er beim Ausscheiden aus dem Schuldienst auf die staatliche Pension verzichtete, um weiterhin wissenschaftlich arbeiten zu können. Kardinal Bertram bewilligte ihm die sogenannten „Congrua" (Fixum zum standesgemäßen Unterhalt laut CIC, dem kirchlichen Gesetzbuch, der Verf.) zunächst in Höhe von 400,– RM, zum Schluß nur noch 200,– RM. Wie es Hoffmann gelang, mit seinen Congrua plus Vergütungen für seine schriftstellerische Tätigkeit, minus seinen zumeist privat getragenen Reisespesen zu den diversen Kongressen usw. eine der größten Privatbibliotheken in Schlesien aufzubauen, war das Geheimnis seiner anspruchslosen, ja armen Lebensführung.
Als der Nestor der schlesischen Kirchengeschichte 1948 nach Leipzig kam, befaßte er sich sogleich mit der Kirchengeschichte seiner neuen Heimat. So schrieb er für das katholische Hausbuch „Jahr des Herrn 1958" über das Nazi-Opfer, den aus Leipzig gebürtigen Dominikanerpater Titus Horten, den Artikel „Wird Leipzig einen Heiligen haben?" und in derselben Reihe 1959 „Vom katholischen Leipzig, ein Überblick seit Einführung der Reformation 1539". Im „Theologischen Jahrbuch" erschien 1960 unter dem Titel „Berliner Bischöfe" eine Würdigung der in Berlin geborenen Bischöfe, nämlich des Rigaer Erzbischofs Johannes von Blankenfeld (1471–1527) und des Erzbischofs Leo Meurin SZ von Bombay und späteren Bischofs von Port-Louis auf Mauritius (1825–1895).
Ein Jahr später schrieb Hoffmann für das nächste Theologische Jahrbuch eine Studie „Die sächsischen Kardinäle":
Ludwig von Meißen († 1382), den der Papst zum Kardinal machen wollte, damit er auf Mainz verzichte, da das Domkapitel ihn ablehnte. Erst die Verleihung des Erzbistums Magdeburg erbrachte seine Einwilligung.
Melchior von Meckau, Bischof von Brixen († 1509), Nikolaus von Schönberg, Erzbischof von Capua und Legat des Papstes († 1537), und Herzog Christian Heinrich

von Sachsen-Zeitz „Cardinalis Saxonicus", Primas von Ungarn und Erzbischof von Gran († 1725).
Zusammen mit Franz Schwarzbach gab Hoffmann 1961 im St. Benno-Verlag die „Studien zur katholischen Bistums- und Klostergeschichte" heraus, die er nach dessen Tod mit dem Priester des Dresdener Oratoriums, Professor Dr. Franz Peter Sonntag († 1987) weiterführte.
Als Hausgeistlicher im katholischen Altersheim Peterssteinweg in Leipzig erhielt Hoffmann vom Bistum Meißen monatlich 200,– Mark, von denen 90,– Mark für Verpflegung und Betreuung den das Heim leitenden Schwestern von der heiligen Elisabeth überwiesen wurden. Von den restlichen 110,– Mark plus Honoraren für Vorträge und Autoren-Vergütungen erwarb er sich eine neue Bibliothek, die seine kleine Wohnung bald überall füllte und die er noch zu Lebzeiten dem Bischöflichen Stuhl des Bistums Meißen in Bautzen schenkte.

Zur Geschichte des Bistums Breslau

Zur Zeit der Errichtung des Bistums Prag im Jahr 973 stand Schlesien bis zur Bober unter der Oberherrschaft Böhmens. Aber der Herzog von Polen Mieszko I. (getauft 966 und † 996) und sein Sohn und Nachfolger Bolesław I. Chrobry eroberten Krakowien und dehnten ihre Herrschaft über die bisher zu Böhmen gehörenden Gaue Schlesiens aus. Das Bistum Breslau wurde gegründet, als um das Jahr 1000 Kaiser Otto III. zum Grab des heiligen Bischofs und Martyrers Adalbert nach Gnesen pilgerte. Wahrscheinlich fand diese Gründung zugleich mit der des Erzbistums Gnesen statt. Suffragane von Gnesen wurden die Bistümer Breslau, Kolberg und Krakau. Die dem Kaiser zustehenden Ehrenrechte wurden für Polen dem Herzog Bolesław I. Chrobry übertragen.
1624 wurde die Diözese Breslau durch die Bulle „De salute animarum" rechtlich aus der Gnesener Kirchenprovinz gelöst und dem Heiligen Stuhl unmittelbar unterstellt. Faktisch wurde die Exemtion 1641 durch Kaiser Ferdinand III. auf dem Reichstag zu Regensburg vollzogen.
Als erster Bischof von Breslau wird Johannes genannt. Wir wissen von ihm nichts Näheres und von seinen Nachfolgern in der ersten Hälfte des 11. Jahrhunderts noch nicht einmal die Namen. Das hängt wohl damit zusammen, daß der Sohn von Herzog Bolesław I. Chrobry, Mieszko II., nur von 1025–1034 regierte und dazu noch recht unglücklich. Nach seinem Tod brach ein Aufstand gegen die Fürstenherrschaft und das Christentum in Polen aus. Die Witwe von Herzog Mieszko II. und ihr Sohn Kasimir († 1058) wurden des Landes verjagt, und die junge kirchliche

Organisation zerfiel. Der böhmische Herzog Bretislav I. († 1055) nutzte die Gelegenheit und drang 1038 siegreich bis Gnesen vor.
Mit deutscher Unterstützung gelang es Herzog Kasimir 1041 Polen zurückzugewinnen. Er geht als „Kasimir der Erneuerer" in die Geschichte ein. Der Gau Silensi aber blieb Streitobjekt zwischen Böhmen und Polen. Erst 1054 kam es zu einer Einigung in Quedlinburg: Herzog Bretislav I. von Böhmen trat die schlesischen Landschaften einschließlich des auf dem linken Oderufer gelegenen Gebietes von Breslau gegen einen jährlichen Tribut von 500 Mark Silber und 30 Mark Gold an Herzog Kasimir ab.
Herzog Kasimir stellte die kirchliche Organisation wieder her und mit Hieronymus I. begann 1051 die geschichtliche Reihenfolge der Bischöfe von Breslau. (Hieronymus I. wurde vielleicht schon 1040 zum Bischof geweiht.) Herzog Kasimir von Polen gilt deshalb als der eigentliche Begründer des Bistums Breslau.
Auch Herzog Wladislaw II. († 1164) wurde im nächsten Jahrhundert, 1145, mit seiner Familie aus Polen vertrieben und fand in Deutschland Zuflucht. 1163 kehrte das Geschlecht der Wladislaiden, Herzog Boleslaw der Lange († 1201), Herzog Mesiko und der noch minderjährige Konrad, aus der Verbannung zurück, und Schlesien wurde ihnen als Erbland überlassen. Das ihnen zugewiesene Land, die sacra Silencii provincia, deckte sich mit der Ausdehnung des Bistums Breslau. Diese selbständige Stellung der Wladislaiden wurde der Grund der späteren Lostrennung Schlesiens von Polen. Herzog Boleslaw der Lange rief bald nach seiner Rückkehr deutsche Zisterzienser aus Pforta an der Saale nach Leubus. Die heilige Hedwig vermittelte das Kommen Bamberger Benediktinerinnen nach Trebnitz, und mit ihrem Gemahl, Herzog Heinrich I., begann die deutsche Besiedlung Schlesiens. Im Vordergrund standen wirtschaftliche Erwägungen. Bischof Lorenz von Breslau gelang es, 1227 den sogenannten „Zehntenvertrag" abzuschließen, der die ansässige polnische Bevölkerung mit den berechtigten Wünschen der deutschen Ankömmlinge versöhnte: Die polnische Bevölkerung behielt die altgewohnte Weise des Feldzehnten bei, für die deutschen Ansiedler wurde der Malterzehnt und der Bischofsvierdung festgesetzt.
Am 9. 4. 1241 fand der Sohn der heiligen Hedwig, Herzog Heinrich II., in der Mongolenschlacht bei Liegnitz mit seinem gesamten Heer den Tod. Jedoch die Nachricht vom Sterben des Großkahns rief die Sieger nach Asien zurück. Im nächsten Jahrhundert kaufte Bischof Przeczlaus von Pogarell († 1344) die Stadt und den Bezirk Grottkau.
Nach der Bestätigung des Erwerbes durch Kaiser Karl IV. führte der Bischof von Breslau den Titel eines Fürst von Neiße und Herzog von Grottkau. Der Titel eines

„Fürstbischofs" wurde in Breslau bis in unser Jahrhundert beibehalten, in ganz Deutschland eine Ausnahme!

Seit Bischof Przeczlaus von Pogarell wurde das Bistum das „goldene" genannt. Unter ihm trat Schlesien aus der Oberherrschaft Polens in die Botmäßigkeit Böhmens.

Für das Zeitalter der Reformation zitiere ich Herrn Professor Dr. Joachim Köhler, Tübingen:

„Das 16. Jahrhundert stand im Zeichen der Reformation. Die Kirche war reformbedürftig. Die Laien, wenigstens in den Städten, hatten Zugang zur Bildung und erwarteten deshalb eine anspruchsvolle Seelsorge. Auf dem Land machte sich in Territorien, die von Geistlichen beherrscht wurden, der Unmut breit, wenn die Verweigerung der Zehnten mit geistlichen Strafen, wie dem Kirchenbann, geahndet wurde. Vor allem aber, da die weltlichen Fürsten sich hinter die Reformation stellten und so die Spannungen gegenüber der königlichen Zentralgewalt austrugen, wurde die Reformation zu einem Politikum. Die Breslauer Bischöfe waren als Landeshauptleute in keiner einfachen Lage. Als Oberlandeshauptmann war der Bischof Repräsentant des Königs und gleichzeitig Vertreter der Fürsten. Solange die politischen Spannungen andauerten, war an eine wirksame Durchführung der Tridentinischen Reformdekrete, auch wenn sie seit Bischof Kaspar von Logau versucht wurde, nicht zu denken. Auch die Einführung der Jesuiten in Breslau unter Bischof Andreas von Jerin scheiterte am politischen Widerstand. So konnte die Tridentinische Reform eigentlich erst eingeführt werden, nachdem die österreichischen Herrscher als Könige von Böhmen ihre Macht stabilisieren konnten und die Wirren des Dreißigjährigen Krieges vorüber waren. Die immediaten Fürstentümer wurden rekatholisiert. Die selbständigen Fürstentümer und Herrschaften blieben protestantisch. Den protestantischen Ständen Schlesiens gelang es, im Schutze Sachsens die im Majestätsbrief Rudolf II. verbrieften Rechte für sich zu verwirklichen. Diese konfessionell gemäßigte Atmosphäre war der Boden der schlesischen Dichterschule der Barockzeit. Die katholischen Territorien wurden von den Stiften und Klöstern, die sich nach dem Dreißigjährigen Krieg wirtschaftlich erholen konnten, im barocken Geist geprägt."

Im Jahre 1742 beendete der Friede von Berlin den Ersten Schlesischen Krieg. Schlesien kam an Preußen und das Bistum Breslau wurde in einen preußischen und österreichischen Anteil gespalten. Ferner wurden vier Dekanate des Erzbistums Olmütz (Branitz, Katscher, Leobschütz und Hultschin) sowie die unter der Jurisdiktion des Prager Erzbischofs stehende Grafschaft Glatz preußisch. Die ordentliche kirchliche Verwaltung wurde durch die neuen Grenzen behindert. Der Ver-

such, die Diözesangrenzen den Landesgrenzen anzugleichen, scheiterte. Ebenso mißlang der Plan des Breslauer Bischofs Philipp Kardinal von Sinzendorf, für alle schlesischen Katholiken eine oberste Kirchenbehörde (Generalvikariat) zu schaffen, 1745 am Einspruch Papst Benedikt XIV. König Friedrich II. von Preußen († 1786) verbot daraufhin jede ausländische Jurisdiktion über seine schlesischen Untertanen und drohte mit Konfiskation der Kirchengüter. Mit Sinzendorf unzufrieden, machte der König 1744 den erst 26jährigen Domherrn Schaffgotsch eigenmächtig und das Domkapitel bedrohend zum Koadjutor. Diese Wahl wurde vom Papst nie bestätigt, aber der König verstand es, nach dem Tode Sinzendorfs († 1747) Schaffgotsch als seinen Bischofs-Kandidaten durchzusetzen. Dieser Bischof mußte während des Siebenjährigen Krieges (1756–1763) in den österreichischen Anteil seines Bistums, nach Schloß Johannesberg, fliehen. Seit 1766 mußte er dort ständig bleiben und war somit in seiner Jurisdiktion auf den österreichischen Anteil eingeengt. Der Papst sah sich genötigt, für den preußischen Anteil Apostolische Vikare zu ernennen. – Ein königliches Edikt reduzierte 1753 fromme Stiftungen und Vermächtnisse der schlesischen Kirche auf ein Minimum. Die Säkularisation, in Preußen erst ab 1810, kassierte die Reste. – Friedrich II. hatte durch seine Eroberungen (auch Westpreußens) den ersten größeren Staat geschaffen, der konfessionell gemischt war. Seine Einstellung zu den katholischen Untertanen war die der grundsätzlichen Toleranz. Da aber die Staatsräson die Kirchenpolitik bestimmte und Katholiken im Verdacht standen, Sympathisanten Österreichs zu sein, und nach Meinung des Königs religiöse Angelegenheiten in das Polizei-Departement gehörten, gab es besonders bei den untergeordneten Behörden oft kein Praktizieren der Toleranz.
Im Jahre 1811 wurde die katholische Universität zu Breslau mit der evangelischen Universität zu Frankfurt/Oder vereint. Das konfessionelle Miteinander der paritätischen Universität zu Breslau wurde zum Vorbild für die meisten deutschen Universitäten des 19. Jahrhunderts.
Als 1813 der schlesische Klerus sich nachhaltig für die Aufstellung des Landsturms einsetzte, hatte dies eine staatliche Rüge zur Folge. In der Antwort des fürstbischöflichen General-Vikariat-Amtes an die Regierung ist offen die Rede von „der unwürdigen Stellung, in der die Katholiken Schlesiens niedergehalten werden“. 1921 kamen die bislang dem Vikariat der Nordischen Missionen zugeordneten märkisch-pommerschen Pfarreien in Breslauer Obhut. Die Administration lag beim Berliner Propst von St. Hedwig.
Unter Kardinal-Fürstbischof Melchior von Diepenbrock († 1853) verhandelten die deutschen Bischöfe mit den Vertretern der Paulskirche um die Freiheit der Kirche vom Staat. Die Verfassung der Paulskirche zu Frankfurt am Main trat zwar nicht in

Kraft, aber die Vorstellungen der katholischen Kirche gingen weitgehend in die preußische Verfassung ein. Diese von der Verfassung garantierten Freiheiten waren letztlich Auslöser des „Kulturkampfes".

Diepenbrocks Nachfolger war Heinrich II. Förster († 1881). Im Kulturkampf wurde er 1875 durch ein preußisches Gericht für abgesetzt erklärt und starb auf Schloß Johannesberg, im österreichischen Teil des Bistums. Die Treue des schlesischen Klerus in der Zeit des Kulturkampfes war, wie überall im Deutschen Reich, großartig, und Bismarck gelang es nicht, die katholische Kirche in staatliche Abhängigkeit zu bringen. Der Breslauer Fürstbischof Georg Kardinal Kopp († 1914) war der geschickte Vermittler zwischen Staat und Kirche bei der Beendigung des Kulturkampfes.

Seine diplomatische Lösung stand gegen die parlamentarische von Windthorst. Da Rom die Lösung Kopp favorisierte, wurde dem deutschen politischen Katholizismus allerdings Schaden zugefügt.

Von 1914–1945 († am 6. Juli 1945 auf Schloß Johannesberg) war Adolf Kardinal Bertram Oberhirte von Breslau in bewegten Zeiten. Nach dem ersten Weltkrieg nahm am 20. 10. 21 die Botschafter-Konferenz eine Teilung Oberschlesiens vor. Ein Gebiet mit 321 342 ha und 892 537 Einwohnern, meist katholisch, kam zu Polen. Durch päpstliches Dekret vom 7. 11. 1922 wurde aus diesem Gebiet und der Teschener Enklave eine Apostolische Administratur errichtet und durch die Bulle „Vixdum Polaniae" am 29. Juni 1925 die Diözese Kattowitz unter Abtrennung vom Bistum Breslau neu gebildet und als Suffraganbistum Krakau unterstellt.

Am 14. Juni 1929 wurde das Preußische Konkordat unterzeichnet, das die Rechtslage der katholischen Kirche in Preußen den veränderten Verhältnissen anpaßte. In Artikel 12, Nr. 6 hieß es: Der Bischöfliche Stuhl von Breslau wird zum Sitz eines Metropoliten, das Breslauer Kathedral- zum Metropolitankapitel erhoben. Der bisher dem Bischof von Breslau mit unterstehende Delegaturbezirk Berlin wird selbständiges Bistum, dessen Bischof und Kathedralkapitel bei St. Hedwig in Berlin ihren Sitz nehmen... Die Bistümer Ermland und Berlin und die Prälatur Schneidemühl werden zusammen mit dem Erzbistum Breslau die Breslauer Kirchenprovinz bilden.

Seit 1920 war Kardinal Bertram Vorsitzender der deutschen Bischofskonferenz, die alljährlich in Fulda, am Grab des Heiligen Bonifatius, des Apostels der Deutschen, zusammentrat. Aus dem Buch „Geschichte des Breslauer Domkapitels 1800–1945" von Dr. Kurt Engelbert seien folgende Passagen über das Wirken Kardinal Bertrams in der schweren Nazi-Zeit zitiert.

„In jeder Phase dieser Kämpfe, die sich nach und nach verschärften, hat der Kardinal scharfe und wohlbegründete Beschwerden an die Regierung geschickt, anfangs kamen noch lahme Erwiderungen, später keine Antwort mehr. Er hat das katholische Volk in seinen Hirtenschreiben über alle diese Vorgänge aufgeklärt und unermüdlich zur Treue gegenüber der Kirche und zur Pflege des religiösen Lebens ermuntert." – „Der Kardinal war als Vorsitzender der Bischofskonferenz federführend für den Gesamtepiskopat. Er ist freilich nicht auf die Kanzel gestiegen wie Bischof Graf Galen von Münster, aber er hat nicht ein Jota der kirchlichen Lehre preisgegeben (S. 234)."

Und auf der nächsten Seite wird sein Unterhändler Dr. Johannes Kaps zitiert: „Immer wieder hat Kardinal Bertram als Vertreter des deutschen Episkopates in klassisch formulierten schriftlichen Eingaben und mündlichen Vorstellungen seiner Beauftragten bei den höchsten Behörden des Dritten Reiches und beim Reichssicherheitshauptamt in Berlin, der höchsten Amtsstelle der Gestapo, aufs schärfste gegen alle Verletzungen der Natur- und Menschenrechte durch die Gestapo protestiert, wie sie in den Konzentrationslagern, in der Behandlung der Polen und Juden sowie in der Vernichtungsaktion gegen die sogenannten Lebensunwerten, die Geisteskranken und Schwachen, durchgeführt wurden." Nach dem Tode Kardinal Bertrams wählten jene Mitglieder des Metropolitankapitels, die die Festungszeit über in Breslau geblieben oder danach nach Breslau zurückgekehrt waren, unter schwierigsten Bedingungen am 16. Juli 1945 Prälat Dr. Ferdinand Piontek zum Kapitelsvikar.

Bereits am 12. 8. 1945 erschien August Kardinal Hlond († 1948), der Primas von Polen, in Breslau. Nach Exil in Frankreich und Internierung durch die Deutschen kam er aus Rom. Er veranlaßte den Kapitelsvikar, auf die Ausübung seiner Jurisdiktion in den von Polen verwalteten Gebieten seiner Diözese Verzicht zu leisten, ohne daß seine Rechtsstellung als Kapitelsvikar der gesamten Diözese dadurch beeinträchtigt werden sollte.

1946 wurde der Kapitelsvikar ausgesiedelt und kam nach einem Zwischenaufenthalt in Peine bei Hannover im März 1947 in Görlitz an. Dort hatten die Domherren Dr. Ludwig Cuno († 1949) und Emanuel Tinschert († 1968) nach Kriegsende auf Geheiß des Kapitelsvikars eine Verwaltung für den westlich der Oder-Neiße gelegenen Bistumsanteil eingerichtet: das „Erzbischöfliche Amt Görlitz". Diesen auf deutschem Boden gebliebenen Rest der Erzdiözese Breslau von 9700 km^2 administrierte Ferdinand Piontek. Er wurde am 24. Juni 1959 zum Titularbischof ernannt. Ohne der großen Vergangenheit nachzutrauern, packte er die Aufgabe an, in seinem Diaspora-Gebiet eine gute Seelsorge aufzubauen. Die Gründung des Priesterseminars in Neuzelle 1948 ist ein bleibendes Denkmal seiner Hirtensorge.

Nach seinem Tode am 2. 11. 1963, an dem die ganze katholische Kirche in der DDR Anteil nahm, wurde sein Weihbischof Gerhard Schaffran zum Kapitelsvikar gewählt und erhielt ebenfalls die Rechte eines residierenden Bischofs. Unter Beibehaltung dieses Amtes wurde Gerhard Schaffran am 22. 9. 1970 zum Bischof von Meißen ernannt. Am 28. 6. 1972 wurde das bisherige Erzbischöfliche Amt Görlitz zur Apostolischen Administratur erhoben und Weihbischof Bernhard Huhn zum Apostolischen Administrator ernannt mit St. Jakobus in Görlitz als Pro-Kathedrale.

Mit Wirkung vom 1. 9. 1945 setzte Kardinal Hlond drei polnische Geistliche als Administratoren in Wrocław, Opole und Gorzów Wielkopolski ein. Ende 1956 ernannte der Primas von Polen für die drei obengenannten Städte Generalvikare, die zugleich Weihbischöfe waren.

1972 wurde das Erzbistum Wrocław in neuen Bistumsgrenzen umschrieben und zugleich mit den Diözesen Opole und Gorzów Wielkopolski errichtet. Dadurch ist das Erzbistum Breslau von 1929 in drei polnische Bistümer und einer Apostolischen Administratur auf dem Boden der damaligen Deutschen Demokratischen Republik aufgegangen.

IX.
In der Nazi-Zeit

Schon im Februar 1933 wurde Professor Hoffmann, wie bereits berichtet, der Paß entzogen. Er mußte also in der Liste der zu überwachenden Personen ganz weit oben gestanden haben.

Im selben Jahr wurde ein Asozialer auf ihn angesetzt, um ihn zu diskriminieren. Ein angeblicher Assessor a. D. bat ihn wegen momentaner Geldverlegenheit um eine Unterstützung. Er benutzte den Besuch, um die auf dem Tisch liegende Zeitschrift gegen Antisemitismus auszuleihen. Kurz darauf erschien die Gestapo zu einer Haussuchung, um eben diese Zeitschrift zu beschlagnahmen und anderes belastendes Material zu finden.

Auf der Gestapo-Dienststelle mußte Hoffmann ein Protokoll unterzeichnen. Es erfolgte eine Vorladung zum Amtsgericht. Der Assessor hatte angegeben, er habe die Hefte auf seinem Balkon gelesen, und ein Hausbewohner von einer höhergelegenen Etage hätte die Zeitschrift erkannt, sich ausgeborgt und vermutlich der Gestapo übergeben. Hoffmann bezeichnete diese Erzählung als Schwindel. Der Assessor hingegen pries Hoffmann als seinen Wohltäter, dem er nie etwas Böses zufügen könnte. Merkwürdigerweise endete die Verhandlung durch die überraschende Feststellung des Amtsrichters, die Klage sei zurückgezogen worden und „wo kein Kläger ist, da ist auch kein Richter".

War das Ganze nur der Versuch einer Einschüchterung? Hoffmann war wachsam und stellte fest, daß besagter Assessor a. D. bei mehreren katholischen Pfarrern der Stadt, der evangelischen Inneren Mission und auch beim Oberrabbiner, jeweils sich die entsprechende Konfession zulegend, in aufdringlicher Weise gebettelt hatte und überall nach einiger Zeit wegen Unverschämtheit herausgeflogen war.

Kurz nach dem Fronleichnamsfest wurde Hoffmann erneut zur Gestapo gerufen. Dort lag ein Anklage-Protokoll des angeblichen Assessors vor. Er behauptete: „Der Professor hätte anläßlich der Fronleichnams-Prozession, auf der Vortreppe des Pfarrhauses der Kreuzpfarrei stehend, so laut, daß es viele der dicht gedrängt Stehenden hören mußten, dem Reichsminister Goebbels Ehebruch und sonstige Vergehen vorgeworfen." Als Zeuge war sein unehelicher erwachsener Sohn benannt.

Das war eine sehr ernste Lage. Es kam zu einer Anklage wegen Beleidigung des Reichsministers Dr. Goebbels.
Als in der Verhandlung das von Hoffmann unterzeichnete Protokoll verlesen wurde, protestierte der Angeklagte bei dem Satz seiner Aussage „der Minister habe die Ehe eines ungarischen Magnaten gebrochen und zerstört". Er sagte: „Das kann nicht das Protokoll sein, das ich unterschrieben habe, diese Beschuldigung höre ich jetzt zum ersten Mal." Der Prozeß erhielt seinen Höhepunkt im Aufruf des Hauptzeugen. Der Gerichtsdiener ging in den Vorraum und kam mit der Meldung zurück, daß der Hauptzeuge vor einer halben Stunde verstorben sei. Es folgte ein lähmendes Schweigen. Diese Situation war wohl noch keinem der Anwesenden begegnet. Schließlich gewann der Gerichtspräsident die Fassung wieder und erfrug Einzelheiten. Der Sohn gab an, sein Vater sei plötzlich tot zusammengebrochen. Der Prozeß endete mit der lakonischen Bemerkung des Präsidenten zu Hoffmann: „Sie sind entlassen, wo kein Kläger ist, ist auch kein Richter." Zum zweiten Male hörte Hoffmann diesen juristischen Grundsatz zu seinen Gunsten.
In der berüchtigten „Kristallnacht" am 9. November 1938 eilte er mit seinem Besuch aus den USA zu der brennenden Breslauer Synagoge. Als Greis bekannte er: „Ich habe mich in dieser Nacht furchtbar geschämt, weil ich geschwiegen habe." Er machte dem Oberrabbiner einen Besuch und sprach ihm seine Teilnahme und Entrüstung aus.
Hoffmann sprach zwar nicht öffentlich zugunsten der Juden, aber er ermutigte die Schwestern des Altersheimes, in dem er wohnte, zwei jüdische Ehepaare zu verstecken, die so das Dritte Reich überlebten. Das Entdecken dieser Tat hätte für die Schwestern wie für Hoffmann KZ oder Tod bedeutet.
Ein ehemals in Breslau bekannter Frauenarzt, Dr. Schiffer, war evangelisch getaufter Jude, und keiner wollte mehr etwas mit ihm zu tun haben. Dieses völlig isolierten Menschen nahm sich Hoffmann bis zu dessen Tode an. Er besuchte ihn regelmäßig und scheute nicht das damit verbundene Risiko.
Sein Verleger in Breslau, der Verlag Borgmeyer, erhielt die Anweisung, jede seiner Veröffentlichungen in sieben Exemplaren an das Reichsministerium für Volksaufklärung und Propaganda, an dessen Spitze Dr. Goebbels stand, einzusenden.
Ein gleichaltriger Freund Hoffmanns, ebenfalls in Glogau geboren, Paul Skobel, war Pfarrer in Kamenz/Schlesien. Bei der Einweihung eines Denkmales für die Gefallenen des ersten Weltkrieges hatte er gegen den Krieg und dessen Verherrlichung und für den Frieden gepredigt. Dafür kam er nach Breslau in die Untersuchungshaft. Hoffmann besuchte ihn häufig. Sonntags durfte Pfarrer Skobel in Begleitung eines Gefängniswärters zum Besuch der heiligen Messe das Gefängnis

verlassen. Anschließend waren beide zum Frühstück beim Professor eingeladen. Kardinal Bertram wurde bei den Behörden vorstellig und erreichte, daß es zu keinem Prozeß kam. Skobel wurde mit dem staatlichen Verbot bestraft, Kamenz je wieder zu betreten, auch besuchsweise nicht. Er durfte nie mehr ein Pfarramt übernehmen und wurde nach Berg-Neuland verbannt, am westlichen Ende des Erzbistums, in eine kleine Niederlassung der Borromäerinnen. Aber auch dort stellte man ihm nach, und unter der Anschuldigung, den Londoner Sender BBC gehört zu haben, wurde er erneut verhaftet. Wieder stand Hoffmann an seiner Seite. Er besuchte ihn in der Untersuchungshaft in Görlitz und war beim Prozeß anwesend, der mit Zuchthausstrafen für Skobel und seine mitangeklagte Schwester endete. Im Zuchthaus in Brieg besuchte er den Freund und mußte feststellen, daß die ungesunden Haftbedingungen zu einer schweren Erkrankung des Häftlings geführt hatten. Hoffmann alarmierte seinen Erzbischof, Kardinal Bertram. Durch eine Beschwerde an den Generalstaatsanwalt erreichte dieser die Entlassung des nun invaliden Pfarrers aus dem Zuchthaus. Nach Kriegsende kam Skobel nach Schirgiswalde in Sachsen, arbeitete im Archiv der nahe gelegenen Zisterzienserinnen-Abtei St. Marienthal bei Ostritz und gab ein Buch über das Kloster der Magdalenerinnen in Lauban/Schlesien heraus. 1952 wurde er in Schirgiswalde begraben.

Über seine öffentlichen Ansprachen in dieser Zeit urteilte Hoffmann selbst in seinen Lebenserinnerungen: „Ich war bekannt dafür, daß ich in der Kirche und auf der Kanzel offen oder versteckt, aber immer verständlich redete. Ich bin oft gewarnt worden, ich solle das unterlassen, ich gefährde nicht nur mich, sondern auch die Gemeinde und die Zuhörer."

Mit den Blutzeugen der NS-Zeit ist das hier Aufgeführte sicher nicht zu vergleichen. Wer aber diese Zeit erlebt hat, weiß, daß es schwer war, kompromißlos zur Wahrheit zu stehen. Hoffmann ging einen geraden Weg, der Gefahren nicht scheute und zum Risiko bereit war.

X.
1945–1948

Als Anfang 1945 die Front sich Breslau näherte, wurde die Stadt zur „Festung" erklärt und zwei Drittel der Bevölkerung evakuiert, ebenfalls zwei Drittel der Geistlichen beider Konfessionen. Hoffmann blieb, denn er stand als Professor nicht auf der Liste der Geistlichen. Kardinal Bertram wurde durch seinen Arzt bewogen, auf das Schloß Johannesberg in der Tschechoslowakei zu fahren, wo er am 6. Juli 1945 verstarb.

Die Leitung der kirchlichen Angelegenheiten übernahm nach dem 21. Januar 1945 das Generalvikariat mit Weihbischof Dr. Josef Ferche († 1965). Zweimal wöchentlich fanden die Sitzungen des nun die Verantwortung tragenden Gremiums statt: drei Kanoniker und regelmäßig Professor Hoffmann. So hielt es Pfarrer Paul Peikert († 1949) in seinem Buch „Festung Breslau" fest.

Hoffmann wurde als Pfarrvikar die verwaiste Dorotheen-Pfarrei übertragen, und er hielt ab 3. Februar wegen der Kampfhandlungen die Gottesdienste nur in Kellern, zuletzt im Haus des ihm befreundeten polnischen Arztes Dr. Stefan Kuczyński. Er nächtigte auf einem Notlager in der Sakristei. Am 6. Mai 1945 kapitulierte Breslau.

Als die Verwaltung der Stadt von den sowjetischen Militärbehörden Polen übergeben wurde, siedelte die Universität von Lwów nach Breslau über. Hoffmann lernte schon in den ersten Tagen den neuen Direktor der Breslauer Universitätsbibliothek, Dr. Antonin Knot, kennen. Dieser bat ihn als Orts- und Sachkundigen um seine Hilfe und machte ihn mit dem Rektor Magnifikus bekannt. So hatte Hoffmann einen großen Anteil am Auffinden und der Rückführung vieler Teile der ausgelagerten Universitätsbibliothek. Mit Direktor Dr. Knot war er oft im Auto unterwegs, um Bibliotheken in Schlössern und anderen Orten zu inspizieren und zu retten, so die Schloßbibliotheken in Oels und Oberstefansdorf. Seine eigene Bibliothek, etwa 40 000 Bücher, schenkte er der Dombibliothek in Breslau, und sie bildete einen Grundstock für die Fachbibliothek des entstehenden polnischen Diözesanpriesterseminars.

Das von Direktor Dr. Knot unentgeltlich zur Verfügung gestellte Lastauto mußte siebenmal fahren, um Hoffmanns Privatbücherei in die Dombibliothek zu trans-

portieren. – Hoffmann hatte eine Schwester in Glogau, über deren Schicksal er bei Kriegsende im ungewissen war. Da es zu dieser Zeit weder Post noch Eisenbahn gab, bot der Vorsteher der Breslauer jüdischen Gemeinde an, daß er in einem den Juden zur Verfügung gestellten Omnibus mitfahren könnte. Ohne etwas über seine Schwester in Erfahrung gebracht zu haben, gelangte er auf diese Weise überraschend zu Freunden nach Görlitz. Der Omnibus fuhr weiter über Dresden, Leipzig und Erfurt nach Berlin. In Berlin traf er einen Vetter, der ihm den Tod der Schwester während der Belagerung Glogaus mitteilte. Acht Tage weilte Hoffmann im zerstörten Berlin, bevor ihn ein jüdischer Bus nach Görlitz, ein weiterer nach Wrocław zurückbrachte, so die inzwischen offiziell erfolgte Namensänderung von Breslau.
Die Tage in Berlin brachten eine Menge von Begegnungen mit alten Bekannten. Hoffmann wohnte im Krankenhaus der Kamillianer. Dies hatte der von den Nazis abgesetzte Oberpräsident von Oberschlesien, Dr. Hans Lukaschek, vermittelt. Er hatte die Gefängnishaft überlebt und freute sich, Hoffmann behilflich sein zu können. Er traf Dr. Schiffer, einst Staatsminister in der Weimarer Zeit, der von der sowjetischen Militäradministration zum ersten Justizminister im sowjetischen Sektor Berlins ernannt worden war. Dieser dankte ihm vielmals für die Betreuung seines einsamen Bruders, des schon erwähnten Arztes Dr. Schiffer in Breslau. Beide waren evangelisch getaufte Juden gewesen. Hoffmann besuchte den früheren sozialdemokratischen Reichstagspräsidenten Paul Löbe und lernte bei der Gelegenheit den sozialistischen Schriftsteller Bruno H. Bürgel († 1948) kennen.
Der letzte englische Konsul in Breslau war Pressechef des britischen Oberkommandierenden in Berlin geworden und bot Hoffmann an, ihn mit einer Militärmaschine zu einem Erholungsaufenthalt nach England bringen zu lassen. Hoffmann lehnte ab. Seine Aufgaben als Seelsorger unter den Deutschen in Wrocław gingen ihm vor.
Ein Ergebnis dieser Reise war eine Flut von Hilfssendungen, mit denen er, nach Wrocław zurückgekehrt, vielen helfen konnte: Katholiken und Nichtkatholiken, Deutschen und Polen. Immer wieder bekam Hoffmann in Wrocław Besuch aus dem Ausland. Freunde erkundigten sich nach ihm und boten ihre Hilfe an. So kam ein schwedischer Legationsrat aus Warschau im Auftrag des evangelischen Bischofs Nataniel Beskov, einem bekannten Theologen. Der Vorsitzende des niederländischen Versöhnungsbundes schickte seinen Sohn zu ihm, der als Kaufmann geschäftlich nach Wrocław kam. Der Vorsitzende des Verbandes der Blindenanstalten der USA besuchte ihn im Auftrag des Generalsekretärs des amerikanischen Versöhnungsbundes.

Hoffmann konnte in seinen Memoiren konstatieren: „So entstand eine lange Reihe von hilfsbereiten Menschen, von der Insel Man bis zur Insel Tasmania, von Schweden bis zum Papst in Rom."

Durch seine Vortragstätigkeit in Polen vor dem Kriege und seinen Einsatz für die deutsch-polnische Verständigung kannte Hoffmann viele der jetzt nach Wrocław kommenden polnischen Persönlichkeiten. Besonders erwähnt seien Erzbischof Bolesław Kominek († als Kardinal 1974), Weihbischof Andrzej Wronka († 1974) und Pfarrer Dr. Heinrich Grondziel, der spätere Weihbischof in Opole († 1968). Bei dem polnischen Arzt Dr. Stefan Kuczyński war er an jedem Mittwoch zum Kaffee eingeladen. Mit dem Ordinarius für Geschichte an der Universität Professor Czaplinski verband ihn eine herzliche Freundschaft bis zum Lebensende.

Am 8. September 1948 bekam Hoffmann den Umsiedlungsbescheid. Für diesen Fall lagen Hoffmann viele Angebote vor. Besonders ehrenvoll unter den Offerten aus Westdeutschland war die Anfrage, ob er in Meitingen bei Augsburg die geistliche Leitung der Christkönigsschwestern übernehmen wolle. Damit wäre er Nachfolger seines Freundes Dr. Max Josef Metzger geworden, der diese Schwesterngemeinschaft gegründet hatte. Hoffmann aber entschied sich für Leipzig, nachdem Kapitelsvikar Dr. Piontek ihm im Görlitzer Gebiet keine Stelle anbieten konnte. Der damalige Propst von Leipzig, Dr. Otto Spülbeck, der spätere Bischof von Meißen († 1970), hatte ihm eine Aufenthaltsgenehmigung zugesichert. Hoffmanns Motiv war die Überlegung, daß es durch den großen Zustrom katholischer Umsiedler in der sächsischen Diaspora an Priestern fehlen würde. Mit 70 Jahren dachte Hoffmann noch nicht an einen Ruhestand.

Im Archiv für schlesische Kirchengeschichte Band 27, des Jahres 1969, schilderte Hoffmanns Nachfolger in der Seelsorge für die Deutschen in Wrocław, Msgr. Dr. Alfred Sabisch, dessen Tätigkeit in der Nachkriegszeit wie folgt: „Unvergessen bei denen, die sie noch erfahren haben, ist die hilfsbereite, gütige, beinahe leidenschaftliche Fürsorge, die Professor Dr. Hermann Hoffmann in Breslau nach Kriegsende bis zum 8. September 1948 allen Bedürftigen seiner kleinen deutschen Seelsorgsgemeinde, zunächst bei St. Dorothea und dann in der Notkapelle bei St. Corpus Christi und vielen anderen, erwiesen hat. Wie ein guter Vater teilte er mit den ihm Anvertrauten das Wort Gottes in Predigt, Gebet und Unterweisung, das Brot des Lebens in der gemeinsamen Opferfeier und am Herz-Jesu-Freitag jeden Monats und das bitter benötigte tägliche Brot aus den reichen ausländischen Zuwendungen, die ihn erreichten. Der geachtete Historiker, der international bekannte Anhänger der Weltfriedensbewegung und der ökumenischen Einigung der getrennten christlichen Kirchen wurde damals zu einer Persönlichkeit, die im

Wrocław der ersten Nachkriegsjahre die meiste ausländische Post erhielt und ebenso zahlreiche Paket- und Buchsendungen. Professor Hoffmann verstand es meisterhaft zu teilen, zu verteilen, zu helfen, zu beglücken, auch zu beraten und zu informieren. Dazwischen hielt er nicht nur von weither besuchte Fastenpredigten in der Marienkapelle des Domes, betete mit seiner Gemeinde Rosenkranz und Kreuzweg, versuchte sich in der Wortverkündigung in polnischer Sprache in der Krankenhauskapelle in Gräbschen. Seine gerettete reiche Buchsammlung, die er täglich ordnete, und die armen hilflosen Deutschen, die er häufig aufsuchte, waren ihm damals Lebensinhalt und Ausdruck einer großen geduldigen Liebe. Wie es Professor Hoffmann nicht zuviel war, mit Rucksack und Tragetasche beladen zu einer Dachgeschoßwohnung in einer Trümmerstraße jenseits des Hauptbahnhofes hochzusteigen, leicht gehbehindert infolge eines Beinbruches, um einer betagten blinden Großmutter, ihrer Tochter und drei Enkelkindern das Nötigste zum Leben zu bringen, so hat er auch im Herbst 1948 einen ihm gebotenen Erholungsurlaub im Riesengebirge vorzeitig abgebrochen, um ein deutsches Schulmädchen in Wrocław termingerecht für die Erstkommunion vorzubereiten."

XI.
In Leipzig

Am 1. Oktober 1948 begann Hoffmann seine Tätigkeit in Leipzig als Hausgeistlicher des Altersheimes der Propsteigemeinde, Peterssteinweg 17, mit einer Rosenkranzandacht. Dieser Aufgabe wurde er in liebevoller und aufopfernder Weise gerecht. Noch am letzten Sonntag vor seinem Tod hielt er die Predigt für seine kleine Gemeinde. Zelebrieren konnte er nicht mehr, weil sein Augenlicht versagte.

Wie ein Stein, den man ins Wasser wirft, immer größer werdende Kreise zieht, so weiteten sich von dem kleinen Arbeitsstübchen im Peterssteinweg seine Arbeitsbereiche in die ganze DDR, nach der BRD und der VR Polen aus. Noch einmal erreichte der Professor mit 62 Büchern und meist geschichtlichen Fachbeiträgen in seiner Leipziger Zeit eine zahlreiche Leserschaft.

In der Messestadt selbst wurde er in vielfacher Weise angefordert und aktiv. Propst Dr. Spülbeck bat ihn, sonntags im sehr in Anspruch genommenen Beichtstuhl der Universitätskirche mitzuhelfen. Viele Jahre tat er es regelmäßig, nachdem er schon die Frühmesse im Altersheim gehalten hatte.

Im Rahmen der Görresschule hielt er Monatsberichte „Aus dem Leben der Kirche", die sich einer ganz großen Beliebtheit erfreuten. Hoffmann informierte nicht nur seine zahlreiche Zuhörerschaft, sondern konnte auf Grund seiner Kenntnis der kirchlichen Verhältnisse, auch außerhalb der katholischen Kirche, das Aktuelle stets in Zusammenhängen erläutern.

In den religiösen Morgenfeiern von Radio DDR – die katholische Kirche kam damals an jedem vierten Sonntag oder Feiertag zu Wort – hielt Professor Hoffmann mehrmals die Ansprache.

Und wenn in Frankreich oder sonstwo ein Kardinal starb, wer war in der Lage, für das Kirchenblatt „Tag des Herrn" eine Würdigung dieser Persönlichkeit zu schreiben? Kein anderer als Hoffmann.

Um aktuell sein zu können, riskierte es der Professor, bei Vortragsreisen nach Westberlin auch Zeitungsausschnitte mitzubringen. Die Einfuhr von allem Gedruckten in die DDR war aber strengstens verboten. Einmal wurde Hoffmann dabei ertappt und von der Bahnpolizei im Zug verhaftet. Eine Nacht lang wurde er vom Staatssicherheitsdienst verhört, aber die Fragesteller ermüdeten schneller als

der Greis. Ein anderes Mal wurde sogar sein Brevier beschlagnahmt, das er nur durch die Vermittlung von Professor Emil Fuchs wiederbekam.
Ein Herzensanliegen waren ihm die monatlichen Zusammenkünfte des Una-Sancta-Kreises in Leipzig. Auf evangelischer Seite waren die Professoren der Sektion Theologie der Leipziger Karl-Marx-Universität führend. Besonders mit dem Pastoraltheologen Professor Dr. Dedo Müller († 1972) und dem Dogmatiker Professor Dr. Ernst Sommerlath († 1983) verband ihn eine herzliche Freundschaft. Katholischerseits waren die Pröpste Dr. Otto Spülbeck und Prälat Ernst Pfeiffer unermüdliche Motoren für diesen ältesten Una-Sancta-Kreis in Sachsen. Kontroversen wurden nicht umgangen, und es war großartig, mit welchem Feingefühl Hoffmann zusammen mit seinem Freund, dem Oratorianer und Studentenpfarrer Dr. Werner Becker, in diesen Situationen evangelische und katholische Auffassungen aufeinander zuordnete, auch wenn Gegensätze blieben.
Hoffmann hielt auch wöchentlich Bibelabende, die regen Zuspruch hatten und zum Anlaß wurden, daß viele der Leipziger katholischen Pfarreien diese Arbeit aufnahmen, besonders als eine schwere Erkrankung 1964 Hoffmann zwang, diese Abende für einige Zeit zu unterbrechen. Die Teilnehmer an seinen Schriftkreisen wurden zu Multiplikatoren in ihren eigenen Gemeinden. Ein besonders schöner Erfolg für den greisen Priester.
Katholische und evangelische Jugendgruppen wie auch die Studentengemeinden Leipzigs luden zu Vorträgen ein. Bald kamen Einladungen nach außerhalb dazu. Hoffmann verfügte nicht nur über ein immenses Wissen, er hatte die seltene Gabe, seine Kenntnisse in einer aufgelockerten, interesseweckenden, oft humorvollen Erzählweise anzubieten und so seine Zuhörer in seinen Bann zu schlagen.
Bei den monatlichen Priesterkonferenzen des Archipresbyterates Leipzig, die auch seinetwegen meist im Peterssteinweg stattfanden, hielt er als Senior der versammelten Priester über zwei Jahrzehnte die Recollectio, eine geistliche Besinnung. Dieser schloß sich dann der mit Spannung erwartete Bericht aus dem Leben der Weltkirche an. Auch bot er den Mitbrüdern Gelegenheit zur heiligen Beichte und hielt oft die Andacht. Bald blieb es nicht bei dem Dienst an den Konfratres in Leipzig. Er reiste von einer Priesterkonferenz zur anderen. Sehr viele Archipresbyterate und Dekanate in der ganzen DDR besuchte er auf diese Weise als ein Lehrer des geistlichen Lebens und aufgeschlossener, weltweiter Katholizität. Wieviel Hoffnung und Kraft er den Priestern in der Diaspora der DDR geschenkt hat, weiß Gott allein!
Am 30. Juni 1955 waren die Jugendseelsorger des Dekanates Leipzig mit Propst Dr. Otto Spülbeck in Borna zur Vierteljahreskonferenz versammelt. Professor

Hoffmann hatte zu Beginn der Tagung die Betrachtung über die Antiphonen des Breviergebetes vom Tage gehalten. Dann nahm er als 77jähriger an der Beratung von Jugendfragen teil. Am Ende der Besprechung zog Propst Spülbeck ein Schreiben aus der Tasche und bat Hoffmann als den Ältesten, es in der Runde vorzulesen. Das Schreiben enthielt auf Bitten des Bischofs von Meißen, Heinrich Wienken († 1961), die Ernennung von Propst Spülbeck zum Weihbischof durch Papst Pius XII. Zu gleicher Stunde erfolgte die amtliche Bekanntgabe in Rom. Der Pfarrer von Borna, Christian Köhler, schrieb damals im „Tag des Herrn": „Dann trat der greise Professor Hoffmann auf den neuernannten Bischof zu, neigte sich und sagte: Ich freue mich, daß ich als erster Ihnen die Glückwünsche aussprechen kann."

Um Ostern 1964 gebot eine schwere Lungenentzündung vielen seiner Aktivitäten, besonders außerhalb Leipzigs, Einhalt. In der Stadt Leipzig stand er jedoch auch weiterhin zur Verfügung, besonders seinem Altersheim und dessen Schwestern, der Priesterkonferenz und dem Una-Sancta-Kreis. Bis 1967 unternahm Hoffmann von Leipzig aus zehn Reisen in die VR Polen, besonders nach Wrocław. Er besuchte viele polnische Freunde, besonders Priester.

Wenn Erzbischof Bolesław Kominek (als Kardinal † 1974) anwesend war, sprach er auch bei diesem vor. Ebenso traf er mit Stefan Kardinal Wyszyński, dem Primas von Polen († 1981), zusammen.

Kurz vor seinem 90. Geburtstag hielt er für die kleine deutsche Gemeinde in Wrocław, auf Bitten ihres Seelsorgers, an vier Sonntagen die heilige Messe mit Ansprache in der Hedwigskapelle.

Wie herzlich sein Verhältnis zu Erzbischof Kominek war, möge ein Brief belegen, den dieser 1969 an ihn richtete:

Arcybiskup
Ordynariusz Wrocławski

Wrocław, den 27. 4. 1969

Hochwürdigster und allerbester Herr Professor!

Dieser Tage erhielt ich die traurige Nachricht, daß Sie sich im Krankenhaus befinden und gegen eine schwere Krankheit ankämpfen. – Hoffentlich erreichen Sie diese Zeilen, die ich an Ihre persönliche Adresse übersende.

Mein stetes Gedenken an Sie vor dem Antlitz Gottes habe ich seit der traurigen Nachricht von Ihrer Krankheit sozusagen verdoppelt und bitte den barmherzigen Heiland Ihrer auch dieses Mal noch zu verschonen und Sie noch einige Jahre im Tal der Tränen weiterpilgern zu lassen und wenn möglich stehend und gehend – nicht bettlägerig. Möchte Ihnen auch mitteilen, daß Sie, Herr Professor, hier bei uns viele Freunde haben als langjähriger Verfechter des Friedens zwischen Polen und Deutschland – d. h. zwischen beiden Völkern. In einigen Tagen zwischen dem 2. bis 5. 5. werde ich in Częstochowa verweilen und da unsere gemeinsame Gottesmutter für Ihre Gesundheit bitten.
Bitte auch Sie, Herr Professor, in den schweren Tagen Ihrer Krankheit auch unser zu gedenken, wenigstens durch ein kleines, sog. Stoßgebet zum gekreuzigten Heiland. Wünsche Ihnen, teuerster Herr Professor, alles Beste und segne Ihr in Christo ergebener

Bolesław Kominek
Arcybiskup – Wrocław

Kurt Dibler nahm Hoffmanns 90. Geburtstag zum Anlaß einer Würdigung seines Wirkens in der „Wissenschaftlich-Praktischen Vierteljahresschrift für Lebenserneuerung und Volksgesundung: Sobrietas“, vom 15. August 1968, Heft 3.
Von 1923 bis 1926 hatte Hoffmann die Sobrietas redigiert, die damals „Vereinsblätter des Priesterabstinentenbundes und des Internationalen Komitees abstinenter Priester“ war. Unter dem Stichwort Berichte stand:

Professor Dr. Hermann Hoffmann 90 Jahre

Mancher war zuvor besorgt – 90 Jahre in Rüstigkeit und geistiger Frische werden von Gott nicht vielen geschenkt! Als aber dann bekannt wurde, daß der Professor im Freundeskreis nach den von allen gesungenen Versen von „Das Wandern ist des Müllers Lust“ allein, laut und gut den ersten Vers lateinisch sang „Migrare molitoris est ...“, zum 90. Geburtstage seines geistlichen Freundes Karl Pelchen zum Eichsfeld fuhr und das als Probe für seine im Juni angetretene Schlesienreise bezeichnete, da wußten wir, daß wir uns auf die von ihm selbst gewünschte Feier seines Geburtstages freuen konnten.
Begonnen hatten die Feiern allerdings schon vier Wochen früher in Wrocław. Viele kamen zu den Gottesdiensten, die Hermann Hoffmann für die Deutschen hielt.

Und als bekannt wurde, daß er vor der Vollendung seines 90. Lebensjahres stand, da entsannen sich manche der Guttaten, die sie von diesem Priester empfangen hatten. So konnte der Beschenkte zum Abschied 70 000 Złoty dem deutschen Seelsorger für hilfsbedürftige Deutsche übergeben. Wer Hermann Hoffmann kennt, weiß, wie franziskanisch bedürfnislos er seit Jahrzehnten lebt und wie er allezeit ein Herz für leibliche und geistige Not hat. War es doch eine Begegnung mit einer solchen doppelten Not in einer Trinkerfamilie, die ihn schon 1903 in Liegnitz abstinent werden ließ. Davon und von seiner Sorge um das Gesundwerden Gefährdeter und die Gesunderhaltung einer hoffnungsvoll strebenden Jugend erzählte der eben aus Schlesien Zurückgekehrte dann im vertrauten Kreise alter Freunde, die sich mit Kindern und Kindeskindern in Leipzig um ihn vereint hatten. Seine fundierten Beiträge über die Alkoholfrage und über die Zweckmäßigkeit des Jugendwanderns in den Jahresberichten des Matthias-Gymnasiums gaben ja seinerzeit den Anstoß zum Umdenken bei vielen Erziehern, zumal sie in Sonderdrucken wiederholt aufgelegt wurden. Sie waren einer der Keime der abstinenten Schülergruppen und Wanderfreunde, aus denen „Quickborn" hervorging.

Jetzt konnte Hermann Hoffmann als ein getreuer Knecht des Herrn auf ein reich gesegnetes Wirken zurückblicken, das weit über die Anfänge im Heimat- und Jugendbereich bis in die Una-Sancta und ökumenische Bewegung unserer Tage ausgestrahlt hat. Wahrlich, ohne Selbstüberhebung konnte der geistliche Vater in einer selbstgehaltenen Festpredigt sagen, daß er mit Gottes Gnade die ihm verliehenen Gaben genutzt habe, Gottes Auftrag gemäß zu seiner Ehre und für sein Reich zu wirken.

Viele Grüße, oft aus weiter Ferne, und sinnige Gaben kündeten von der Liebe und Verehrung, deren sich heute noch der 90jährige erfreuen kann. Früh schon durch Amt und Berufung der eigenen elterlichen Familie entwachsen – wir erlebten innerlich ergriffen mit, wie heute noch Hermann Hoffmann davon bewegt wird, daß einst Krieg und Vortragsverpflichtung den priesterlichen Sohn hinderten, an den Sterbebetten der Eltern zu stehen –, wurde der am 14. Juli 1878 in Glogau geborene zum Patriarchen einer weit in alle Welten und alle sozialen Schichten verzweigten Gemeinschaft nach wahrem Frieden und wahrer Einheit im Geiste Christi Strebender.

Unter den Gaben fehlte nicht ein dem alten Wanderer gemäßer – dringend benötigter! – Lodenmantel. Erfreut wurde der Vater der Wanderfreunde aber auch durch eine neue und vollständige Übersetzung von „Das Wandern ist des Müllers Lust" in das von Hermann Hoffmann so geliebte und beherrschte Latein. Mit ihm und dem Übersetzer wurde kräftig und gekonnt von Anfang bis Ende gesungen: „Migrare molitoris est ... abscedere permittite migrare."

So wurde auch bei dieser Feier spürbar, was dem einstigen Freunde der Jugend deren Herzen geöffnet hatte – die immer vorhandene Bereitschaft zu echter Freude. Von innen her strahlend, zeigte sie sich ja allezeit in dem ihm eigenen stillen Lächeln. Sie läßt auch den 90jährigen noch jung erscheinen.
Gewidmet wurde ihm im Manuskript eine Festschrift, in der eine Reihe ökumenischer Gestalten vereint sind – hoffen wir mit dem überreichenden Dr. Werner Becker, Konsultor im Sekretariat Kardinal Beas, daß der St. Benno-Verlag sie bald veröffentlichen kann! Bezeichnend für die ökumenische Weite Professor Hoffmanns ist, daß er seine heilige Messe und Predigt am Festtage, 14. 7. 1968, in der Luther-Kirche hielt! Er, der einst als einziger katholischer Priester und stiller Beobachter an der ersten ökumenischen Tagung in Stockholm 1925 teilnahm, war in diesen Tagen mit seinen Gedanken sicher oft im Stockholm benachbarten Uppsala – gehörte er doch zu den Wegbereitern dieser christlichen Weltkonferenz mit ihren offiziellen katholischen Beobachtern. (Gemeint ist die am 4. Juli 1968 in Uppsala eröffnete 4. Vollversammlung des ökumenischen Rates der Kirchen mit 15 katholischen Beobachtern, der Verf.)
Die geistige und körperliche Rüstigkeit Hermann Hoffmanns ist ein Gnadengeschenk Gottes zuerst und vor allem.
Aber es ist keine häretische Übertreibung, wenn wir mit Hermann Hoffmann der Meinung sind, daß Natur und Gnade zusammenwirkten. Dem aus sozialer Verantwortung einst in jungen Jahren gefaßten Entschluß zur völligen Enthaltsamkeit von allen Rausch- und Rauchgiften blieb er auch in heikelsten Lagen treu. (Hier ist Bezug genommen auf Hoffmanns lebensgefährliche Erkrankung als Felddivisionspfarrer 1918 in Frankreich an der spanischen Grippe. Der Arzt befürchtete ein Herzversagen und verordnete Rotwein. Hoffmann erbat sich, auf Kaffee ausweichen zu dürfen. Der Verf.)
In Verbindung mit einer naturnahen Lebensweise ist ihm das einstmalige Opfer der Abstinenz schon hier zum Segen geworden.
Wie sehr ihn bis in die letzten Jahrzehnte seine sozialabstinenten Antriebe bewegten, wird u. a. aus einem Aufsatz deutlich, den Hermann Hoffmann vor einigen Jahren über Johannes Fietzek (Ehrendomherr, † 1862), Pfarrer in Deutsch-Piekar/OS und seinen Kampf gegen den Alkoholismus veröffentlichte (H. Hoffmann, Pfarrer Fietzek im Kampf gegen den Alkoholismus – Archiv für schlesische Kirchengeschichte Bd. 9, 1951, S. 228 ff).
Pfarrer Fietzek gelang es seinerzeit, die schreckliche Branntweinpest in Oberschlesien zu überwinden.
Mit Fug und Recht können wir zur Vollendung des 90. Lebensjahres von Professor

Dr. Hermann Hoffmann feststellen, daß an ihm selbst verwirklicht wurde, was er einst in den Aufbruchszeiten katholischer Jugendbewegung aufnahmebereiten Herzen kündete: Am Ziele des Höhenpfades katholischer abstinenter Haltung winkt die religiös-sittliche Persönlichkeit, ein Katholik der Tat!

XII.
Titel und Ehrungen

Als Student in Breslau hatte Hoffmann den akademischen Grad eines Dr. phil. angestrebt und auch ein Thema bekommen. Leider scheiterte dieses Vorhaben an einer Differenz mit Professor Franz Skutsch. Als Doktorand war er zum Besuch der Seminare des Altphilologen Skutsch verpflichtet.
Zweimal hintereinander fehlte Hoffmann: Beim ersten Male war ihm die plötzliche Aufgabe übertragen worden, einen Bericht über die Bibliothek eines verstorbenen Professors anzufertigen, der am selben Tage noch Georg Kardinal Kopp vorgelegt werden sollte, da diesem die Bücher vererbt worden waren. Hoffmann entschuldigte sich schriftlich. Beim nächsten Seminar lag er mit Migräne zu Bett und konnte sich nur durch einen Studenten entschuldigen lassen. Trotzdem erklärte ihm der Professor, er habe unentschuldigt gefehlt. In dem folgenden Wortwechsel forderte Hoffmann Professor Skutsch auf, zurückzunehmen, daß er ein Lügner sei.
„Einem Studenten gebe ich keine Erklärung“, war die abweisende Antwort. „Dann verzichte ich auf eine weitere Teilnahme“, entgegnete knapp der Student. So wurde sein Doktor-Thema einem anderen übertragen.
Es spricht für Hoffmann, daß er diese schmerzliche Angelegenheit Professor Skutsch nicht nachtrug. Er begegnete ihm später noch einige Male und erkannte unvoreingenommen dessen wissenschaftliche Leistungen an. Hoffmann waren Äußerlichkeiten zweitrangig. Deshalb versuchte er in späteren Jahren nicht, eine seiner vielen historischen Studien für einen Doktor-Titel auszunutzen. Er war zufrieden mit dem Professoren-Titel des Religionslehrers und Studienrates am Matthias-Gymnasium. Zu seinem 80. Geburtstag ernannte ihn die theologische Fakultät der Julius-Maximilian-Universität Würzburg, auf Antrag des Patristikers Professor Dr. Berthold Altaner († 1964), zum Ehrendoktor der Theologie. Damit wurden seine Forschungen über die Geschichte des Erzbistums Breslau und der Jesuiten in Schlesien gewürdigt. Leider verweigerten die Behörden der DDR eine Reise nach Würzburg, um die Ehrung persönlich entgegenzunehmen.
Die Sektion der evangelischen Theologie der Karl-Marx-Universität in Leipzig lud den greisen Hoffmann regelmäßig zu ihren Gastvorlesungen und Doktorpromo-

tionen ein. Professor Dr. Franz Lau († 1973) zog Hoffmann zu den Versammlungen der kirchengeschichtlichen Arbeitsgemeinschaft der lutherischen Landeskirche Sachsen hinzu.

Anläßlich Hoffmanns 80. Geburtstag sprach Professor Dedo Müller, am 65. Jahrestag seiner Priesterweihe Professor Ernst Sommerlath.

Beide Male galten die in bewegten Worten gehaltenen Ansprachen dem priesterlichen Menschen Hoffmann.

Den einzigen kirchlichen Titel verlieh ihm der Apostolische Administrator des Bistums Meißen, Dr. Otto Spülbeck, der ihn 1956 zum „Geistlichen Rat ad honorem“ ernannte.

Als Hoffmann starb, hieß es in einem Nachruf:

„Menschen, die ihrer Zeit voraus sind, werden selten zu ihren Lebzeiten geehrt, selbst dann nicht, wenn die Zeit sie inzwischen eingeholt und bestätigt hat.“

(Unbenanntes Zitat aus der Personalakte Hoffmann im Diözesen-Archiv des Bistums Dresden-Meißen in Bautzen.)

XIII. Heimgang

Am 12. Januar 1972 starb Hermann Hoffmann, nach kurzer Krankheit, im 94. Lebensjahr in seiner Wohnung im Altersheim Peterssteinweg in Leipzig. Am 25. Juni dieses Jahres hätte er das eiserne, 70jährige, Priesterjubiläum feiern können.
Die Sterbesakramente spendete ihm der Kaplan von Leipzig-Connewitz, Rudolf Birner.
Das Propsteipfarramt Leipzig verschickte 870 Todesanzeigen in alle Welt. Er wurde in der Priestergrabstätte auf dem Südfriedhof zu Leipzig beerdigt. Es war der 18. Januar, der Beginn der Weltgebetsoktav für die Wiedervereinigung der getrennten Christenheit. Das Requiem feierte der Bischof von Meißen, Gerhard Schaffran, in der Luther-Kirche, in der die katholische Propsteigemeinde, deren Gotteshaus der Krieg zerstört hatte, zu Gast war. Welches Zusammentreffen beim Abschied von dem großen Förderer der Ökumene! 80 Geistliche von nah und fern umstanden den Sarg.
Aus der Fülle der Beileidsbezeugungen an den Propst von Leipzig, Prälat Hans-Eberhard Elsner († 1984), seien folgende Ausschnitte angeführt:

Professor Dr. Ernst Sommerlath, Leipzig:

„Ich darf wohl sagen, was auch wir Evangelischen in der Una-Sancta empfinden, er war wie einer der Unseren und uns herzlich verbunden, so väterlich gütig, verständnisvoll, immer darauf bedacht, das Trennende zu einen, und aus seinem frommen Herzen immer so aufgeschlossen, den anderen seine Liebe spüren zu lassen. So war er in der Una-Sancta-Bewegung einer der Führer, den schon lange, bevor es viele andere berührte, die Einheit der Christenheit bewegte.
Und wieviel verdanken wir ihm besonders auch in unserem Leipziger Kreis. Auch ich persönlich bin ihm, und nicht weniger meine Frau, in dankbarer Verehrung verbunden. Wir haben uns immer besonders gut verstanden, und seine Freundschaft war mir besonders lieb und wert. So traure ich sehr um den väterlichen Freund."

Professor Dr. Dedo Müller, Leipzig:

„Wir haben uns seit 1924 gekannt. Damals haben wir uns auf einer Tagung des Versöhnungsbundes im Schwarzwald kennen-, schätzen- und liebengelernt. Uns verband nicht nur die Arbeit für den Frieden, sondern auch das literarische Werk Professor F. W. Foersters, den ich gelegentlich eines Vortrages in Zürich im Jahre 1965 das letzte Mal, ein Jahr vor seinem Tode, gesehen habe. Man konnte ja damit rechnen, Hermann Hoffmann auf allen wichtigen Tagungen, auf denen es um die Verwirklichung der christlichen Friedensbotschaft ging, zu treffen. Und so haben wir uns denn in den nun fast 50 Jahren unserer Freundschaft auf vielen Tagungen dieser Art getroffen.
Während meiner letzten Vortragsreise durch Schlesien, kurz vor dem Zusammenbruch, habe ich ihn noch in seinem Heim besucht, und es war mir dann eine herzliche Freude, daß er nach seiner Aussiedlung seinen Wohnsitz in Leipzig nahm. Diese räumliche Nähe festigte nicht nur unsere persönliche Verbundenheit, sondern gab auch Gelegenheit zu einem persönlichen Austausch über alle theologischen und kirchlichen Fragen, die mit dem ökumenischen Problem und der darin beschlossenen Verantwortung der Kirche für die Neuordnung der Welt vom Evangelium her verbunden waren ...
Ich muß hinzufügen, daß Hermann Hoffmann für mich immer der wahrhaft priesterliche Mensch gewesen ist, dem der priesterliche Dienst seiner Kirche galt, die universale Weite der Aufgeschlossenheit für alle Nöte und Aufgaben der gegenwärtigen Welt bedeutete.
Die Strahlungskraft der Liebe, die von ihm ausging, wird nun auch von der neuen Existenz aus, in die er abberufen ist, weiterwirken."

Lektor Walther Mann, theol. lic., fil mag V. D. M.
Saltsjöbaden/Schweden

„Ich erinnere mich noch lebhaft daran, wie meine Mutter, evangelisch-lutherisch wie meine ganze Familie, in den bösen Jahren des Nationalsozialismus zu ihm ging, um von ihm Rat und Stütze zu erhalten. Als ich selber 1948 zum Geistlichen der evangelisch-lutherischen Kirche Schwedens geweiht wurde, wünschte Professor Hoffmann mir Gottes Segen, und ich glaube nicht, daß es in meiner Kirche in den letzten Jahrhunderten viele Pfarrer gegeben hat, die zum Tage ihrer Ordination brüderliche Wünsche von einem katholischen Priester erhalten haben. Es hat mir später bei meiner Arbeit in manchem geholfen."

Julius Cardinal Döpfner,
Erzbischof von München-Freising/BRD:

„Ihre Mitteilung, daß Professor Hermann Hoffmann heimgerufen wurde, ließ in mir die Erinnerung an diesen edlen, aus seiner tiefen Gläubigkeit und wahrhaft ökumenischen Gesinnung heraus wirkenden Priester wieder erstehen."

Weihbischof Hugo Aufderbeck, Erfurt:

„Professor Hoffmann ist in seinem Herzen immer jung geblieben, gute und neue Gedanken hat er aufgenommen und vieles angestoßen, was heute für uns eine Selbstverständlichkeit ist. Er gehört sicher zu den großen Männern der Kirchengeschichte im deutschen Sprachraum des letzten Jahrhunderts. – Zu seiner großen Begabung hat Gott der Herr ihm einen großen Wagemut und zu gleicher Zeit eine große Glaubenszuversicht geschenkt, dazu ein frohes Herz. Ich habe in den früheren Jahren viele Vorträge von ihm gehört. Es war immer anregend, manchmal sogar aufregend."

Rektor Professor Dr. Fritz Hoffmann, Phil.-Theol. Studium Erfurt:

„Wir stehen voll Bewunderung vor diesem nun vollendeten Leben, das in gleicher Weise der Wissenschaft und der Theologie in der Praxis in so vielfältiger Weise gedient hat."

Professor Dr. Otto Knoch, Passau/BRD,
1951–1971 Direktor des katholischen Bibelwerkes Stuttgart:

„Deutlich war auch die Strahlkraft dieses Menschen, seine großartige Einfachheit, seine gläubige Offenheit, seine umfassende Bildung und vor allem seine heitere Glaubenszuversicht, die einen geradezu packte. Hoffmann leistete einen großen Beitrag zum Erwachen der Kirche in den Seelen, wie auch zur Wiederbegegnung mit dem Wort Gottes im katholischen Raum."

Dr. Thomas Lissek, Königswinter/BRD:

„Wenn jemand mir Vorbild im Leben, in der politischen, historischen und weltanschaulichen Haltung war und ist, dann muß ich zugeben, es ist Professor Hoffmann."

Dr. Franz, Ketteler-Kolleg, Mainz/BRD
Institut zur Erlangung der Hochschulreife:

„Es tröstet mich, daß bei allem, was ich hörte, Hermann Hoffmann in Leipzig die Vereinsamung des Alters erspart geblieben ist, die Romano Guardini in München erlebt hat (obwohl es dort von alten Quickbornern nur so wimmelte)."

Dr. Walter Dirks, Publizist, Wittnau/BRD:

„Ich brauche Ihnen keinen langen Bericht zu geben über die jahrzehntelange Verbindung, die am deutschen Quickborntag 1920 begonnen hat, wo aus der Trias der drei schlesischen Priester für uns zwar Bernhard Strehler die fromme Autorität, Clemens Neumann der geliebte musische Anreger, aber doch Hermann Hoffmann der einzige von den dreien war, der unsere Sprache zu sprechen verstand und dem wir uns so ganz besonders nahe fühlten."

Kasimir Hoffmann, München/BRD:

„Als ein polnischer Geistlicher verehre ich ganz besonders seine schönen und rührenden Bemühungen um eine schöne Atmosphäre zwischen uns, den beiden Nachbarvölkern: Deutschen und Polen."

Professor Dr. Bolesław Kumor, Lublin/VR Polen:

„Hoffmann war in Polen zweifellos als ein großer Mensch und Priester bekannt und sehr geschätzt durch seine freundschaftliche Haltung zu unserem Volk."

Professor Dr. Karol Jonke, Wrocław/VR Polen:

„Sein humanes Wirken in der pazifistischen Bewegung der Zwischenkriegszeit, sein Beitrag zur Völkerversöhnung, besonders zwischen dem deutschen und polnischen Volke, sind von unsterblichem Wert."

XIV.
Die Summe des Lebens

Als Hermann Hoffmann mit 91 Jahren seine „Lebenserinnerungen eines katholischen Europäers“ mit dem Untertitel „im Dienst des Friedens“ diktierte, beschloß er die Selbstbiographie mit folgenden eindrucksvollen Sätzen:
„Alles, was wir erleben und was uns Freude macht, ist Gnade Gottes, und wir denken oft, wir hätten es selbst geschafft.
Mein Leben hat der Jugend gegolten, gewiß, mein Leben hat dem Frieden gegolten, ganz gewiß, mein Leben hat der Una-Sancta gegolten, mein Leben hat jedem Menschen gegolten, den der Herrgott mir in den Weg geführt hat.
Aber wenn man einundneunzig Jahre alt wird, fragt man sich: Darfst du wirklich so sagen, daß du dich jedem Menschen geöffnet hast, den dir Gott in den Weg geführt hat?
Ich weiß es nicht, Gott weiß es.
Man findet viel, was man unternommen hat und was der Herrgott mit seinem Segen begleitet hat, und man findet manches, was man hätte tun sollen und hat es nicht getan, und manches, was man hätte anders machen müssen und hat es doch nicht so getan.
Wer ein Leben hinter sich hat, an dem er sich solche Vorwürfe nicht zu machen braucht, der soll Gott dankbar sein, aber auch Gewissenserforschung halten, ob es nicht Selbsttäuschung ist, wenn er glaubt, er sei jedem Rufe Gottes gefolgt.
Alles, was gelungen ist, war Gottes Werk, und alles, was versucht wurde und nicht gelungen ist, von dem wird man wohl sagen können, es hat nicht sein sollen.
So blickt man dankbar zurück auf einundneunzig Lebensjahre, ein bißchen keck und kühn voraus, auf das eine Jahr, oder die paar Jahre, auf die eine Woche, oder die paar Wochen, die noch vor uns liegen. Man sagt sich, ich tat, was ich konnte, aber Gott wird sagen: nicht immer! Ich tat, was Gott wollte, aber Gott wird sagen: nicht immer!
Und so beten wir beim Rückblick auf ein langes Leben: Ehre sei Gott in der Höhe und Friede den Menschen auf Erden, die guten Willens sind.
Gebe Gott jedem für den Schluß seines Lebens den guten Willen bis ans Ende, damit wir befugt und berechtigt sind zu beten:

Herr, erbarme dich unser!“

XV.
Der Wurzelgrund

Inhalt der bisherigen Kapitel waren sieben Jahrzehnte priesterlichen Wirkens in einer ungewöhnlichen Vielfalt. Der Abschluß soll nun das Kennenlernen des Wurzelgrundes sein, aus dem das erfüllte Leben von Hermann Hoffmann gewachsen war.

Seine Eltern waren einfache Leute vom Lande. Der Vater Josef Hoffmann († 1928) war Maurer, die Mutter Agnes geb. Elsner († 1918) war vor ihrer Heirat als Köchin „in Stellung". Sie hatten drei Kinder, Berta, Anna und den am 14. Juli 1878 in Glogau geborenen Hermann. Glogau war der Wohnsitz der Familie Hoffmann. Der Großvater mütterlicherseits weckte in seinem einzigen Enkel den Priesterberuf. Wenn er seine Tochter und deren Familie besuchte, sagte er stets zum Abschied: „Hermändel, du mußt Pfarrer werden." Die Erziehung im Elternhaus war streng und lag mehr in den Händen der Mutter als des Vaters.

Nach dem Besuch der katholischen Volksschule in Glogau kam der begabte Sohn Hermann 1889 auf das dortige Gymnasium, das einen guten Ruf hatte, besonders wegen eines vorzüglichen Hebräisch-Unterrichtes. Die Kosten von 25 Reichsmark Schulgeld vierteljährlich überstiegen die Möglichkeiten der Hoffmannschen Familienkasse. Aber die Lehrer wiesen den Vater auf Stipendien hin, die es für fleißige und kluge Schüler gab. Tatsächlich hatten die Eltern nur ein einziges Mal, und zwar für das erste Quartal, Schulgeld zu bezahlen. Dann bekam Hermann „Freischule" und zusätzlich 5 Reichsmark Stipendium, das sich mit jedem Schuljahr erhöhte. Mit der Genehmigung zum Geben von Nachhilfestunden konnte sich der Schüler selbst manches dazuverdienen.

Die Eltern vermieteten ein Zimmer als „Pension" für auswärtige Bauernsöhne, die in der Stadt das Gymnasium besuchten, um eine zusätzliche Einnahme zu erhalten.

Außerdem wurde Hermann in den Ferien auf Bauernhöfe eingeladen, wo der „Städter" bei der Ernte mithalf und seine Vorliebe zum Wandern entdeckte.

Als Hermann Hoffmann 1898 in Glogau das Abitur ablegte, waren die schriftlichen Prüfungen so glänzend ausgefallen, daß er von den mündlichen befreit wurde. Seine Berufsentscheidung für das Studium der katholischen Theologie mußte sich gegen seine großen Neigungen zur klassischen Philologie und der Mathematik durchsetzen.

Georg Kardinal Kopp hatte 1896 in Breslau ein neues Theologenkonvikt eröffnet, in dem jeder Theologiestudent wohnen mußte. So verließ mit dem Studienbeginn 1898 Hermann zum ersten Mal sein Elternhaus für längere Zeit. Es war für immer.

Hoffmann inskribierte sich an der königlichen Universität zu Breslau, welche 1702 als kirchliche Hochschule gestiftet, 1811 durch Vereinigung mit der protestantischen Universität zu Frankfurt/Oder in eine sogenannte paritätische Anstalt umgestaltet worden war. Das katholische Element bestand tatsächlich nur in der katholisch-theologischen Fakultät.

Nach dem Kulturkampf, der das Theologiestudium und damit auch die wissenschaftliche Qualifizierung verhinderte, stand die Breslauer Fakultät um die Jahrhundertwende vor einer schwierigen Situation. Die Ordinarien waren teilweise überalterte Professoren. Der Generationswechsel auf den Lehrstühlen zögerte sich hinaus. In diesen Übergang und Neuanfang fielen die Studienjahre Hoffmanns. Seine Lehrer waren: Prälat Dr. Hugo Lämmer (Kirchenrecht), Dr. Alois Schäfer, der spätere Apostolische Vikar in Dresden († 1914) (NT-Exegese), Dr. Paul Scholz (AT-Exegese), Dr. Max Sdralek (Kirchengeschichte), Dr. Joseph Pohle (Dogmatik), Dr. Adam Krawutzki (Moraltheologie), Dr. Ernst Commer (Apologetik, Dogmatik und philosophische Propädeutik) sowie Dr. Johannes Nikel (AT-Exegese), der Professor Scholz ablöste.

Der vielseitig interessierte Student Hoffmann besuchte auch nichttheologische Vorlesungen. Er belegte Geschichte bei den Professoren Caro, Kaufmann und Schulte. Er begann ein philologisches Studium bei Richard Förster, Franz Skutsch, Eduard Norden, Wendland und Alois Schulte.

Rektor des Theologenkonviktes war Kanonikus Dr. Augustin Herbig († 1915), Präfekt Dr. Karl Wawra (Ehrendomherr, † 1947). Gleich beim Eintritt in das Konvikt wurde Hoffmann Gehilfe des Bibliotheksverwalters. Hier begann seine Leidenschaft für Bücher. Bei dieser Gelegenheit entdeckte er für sich die „Sämtlichen Werke" von Johann Michael Sailer († 1829 als Bischof von Regensburg), den Hoffmann zum „Spiritual" seiner Studien- und Priesterzeit erwählte. Dadurch wurde er auch zu einem Verehrer des großen Kardinal-Fürstbischofs Melchior von Diepenbrock.

Dem Studium folgte das zehnmonatige „Alumnat", wie in Breslau das Priesterseminar genannt wurde. In den Fächern Pastoral- und Moraltheologie, die Domherr Regens Wilhelm Flassig († 1908) lehrte, sowie Homiletik und Aszetik bei dem

Subregens Domherr Dr. Paul Oppermann († 1938) wurde er für den praktischen Dienst in der Seelsorge vorbereitet. Am 23. Juni 1902 wurde Hermann Hoffmann von Georg Kardinal Kopp zum Priester geweiht. Am nächsten Tag feierte er in aller Frühe in Breslau in Gegenwart seiner Angehörigen und einiger Freunde das erste heilige Meßopfer. Dann erst folgten die feierlichen Primizen in der Heimatstadt Glogau. Das ist sicher ein Zeichen dafür, wie sehr Hermann Hoffmann sein Priestertum in dem schlichten, aber tiefen Christentum der Familie, der er entstammte, begründet sah. Von ihr getragen, öffnete sich sein Blick für Gott und die Welt.

Literaturverzeichnis

Archiv für schlesische Kirchengeschichte, Hildesheim, Nr. 9, 27, 30.

Benkart, Paul und *Ruf, Wolfgang,* Katholische Studentenseelsorge, Paderborn 1965.

Burgbrief Burg Rothenfels am Main, Die Tage auf Burg Rothenfels 1919.

Dagens Nyheter, Stockholm, 9. August 1925.

Dibler, Kurt, Wissenschaftlich-Praktische Vierteljahresschrift für Lebenserneuerung und Volksgesundung „Sobrietas" 15. 8. 1968, Heft 3.

Domstiftsarchiv Bautzen, Personalakte Hermann Hoffmann.

Engelbert, Kurt, Geschichte des Breslauer Domkapitels 1800–1945, Hildesheim 1964.

Fleischer, Paul Manfred, Das katholisch-lutherische Gespräch, unter besonderer Berücksichtigung des 19. Jahrhunderts! Dissertation der Philosophischen Fakultät der Friedrich-Alexander-Universität Erlangen-Nürnberg 1965.

Handbuch des Bistums Breslau und seines Delegatur-Bezirkes für das Jahr 1912, Breslau 1913.

Heiler, Friedrich, Zeitschrift „Eine Heilige Kirche", Sonderheft, München 1936.

Hoffmann, Hermann, Im Dienst des Friedens. Lebenserinnerungen eines katholischen Europäers, Stuttgart und Aalen 1970.

Höslinger, Norbert und *Maas-Ewert, Theodor,* Mit sanfter Zähigkeit. Pius Parsch und die biblische-liturgische Erneuerung, Klosterneuburg bei Wien 1979.

Jungmann, Andreas, Liturgischer Dienst. Artikel in „Weg und Werk. Die katholische Kirche in Deutschland", München 1960.

Katholisches Hausbuch 1958 und 1959, Leipzig 1957 und 1958.

Katholisches Kirchenblatt „Tag des Herrn" Nr. 7/8, Leipzig 1972.

Krügel, Siegfried, Nathan Söderblom, Berlin 1983.

Leo-Gesellschaft in Wien, Die katholische Kirche unserer Zeit und ihre Diener, Bd. II, Wien 1900.

Lexikon für Theologie und Kirche. Josef Höfer und Karl Rahner, Freiburg im Breisgau ab 1957.

Musica sacra, Zeitschrift des allgemeinen Cäcilienverbandes für die Länder deutscher Sprache, 1983 Nr. 6 und 1984 Nr. 2, Regensburg.

Peikert, Paul, Festung Breslau, Berlin 1966.

Ponickau, Richard, Alkoholfreie Schulausflüge, Gesammelte Aufsätze, Leipzig-Gohlis 1911.

Siegmund-Schultze, Friedrich Wilhelm, Nathan Söderblom, Briefe und Botschaften an einen deutschen Mitarbeiter.
Schriften des Ökumenischen Archivs Soest II, Marburg/Lahn 1965.

Theiss, Mechthild, Quickborn, die Gemeinschaft, ihre Geschichte und ihre Aufgaben, Werkblätter des Quickborn, Aalen 1957.

Weggefährte, Festausgabe 90 Jahre Kreuzbund 1896–1986.
Haus Hoheneck, Hamm/Westfalen 1986.

Wolter, Heribert, Zur Geschichte der katholischen Suchtkrankenfürsorge. Manuskript, Haus Hoheneck, Hamm/Westfalen 1986.

Für ihre Mithilfe bei dieser Biographie bedanke ich mich bei

Herrn Msgr. Bernhardt †, Görlitz, Generalvikar Birkner, Görlitz, Msgr. Dr. Gottschalk, Fulda, Bischöflichen Rat Dr. Gülden, Leipzig, Prälat Hauser, Jauernick, Dr. Höslinger, Klosterneuburg bei Wien, den Mitarbeitern von Haus Hoheneck in Hamm/Westfalen, Dozent Dr. Hübner, Erfurt, Pfarrer i. R. Gerhard Kaiser, Königstein/Elbe, Frau Kotulla, Leipzig, Prof. Dr. Köhler, Tübingen, Prälat Mischkowski, Hildesheim, Herrn Plum, Markkleeberg bei Leipzig, Ordinariatsrat Dr. Seifert, Bautzen, der Bibliothek der Sektion Theologie der Karl-Marx-Universität Leipzig Frau Rocher, dem Evangelischen Zentralarchiv in Berlin-West Frau Lehmann sowie Frau Maria Fiebig, Bad Schandau für ihre Schreibarbeiten.

Fotonachweis

Siegfried Adler, Böhlitz-Ehrenberg: Nr. 1, 16, 17, 28
Sofie Kotulla, Markkleeberg: Nr. 26
Norbert Müller, Leipzig: Nr. 21
Benno Plum, Markkleeberg: Nr. 25
Bildarchiv Burg Rothenfels: Nr. 2–8, 18
Bistum Dresden-Meißen, Fotodokumentation: Nr. 22
Sächsische Landesbibliothek, Abt. Deutsche Fotothek Dresden: Nr. 9
Privatbesitz: Nr. 23
St. Benno-Verlag Leipzig: Nr. 10, 12, 14, 15, 19, 20
St. Hedwigsblatt Berlin: Nr. 9

Hermann Hoffmann.

Burg und Stadt Rothenfels am Main.

Der erste deutsche Quickborntag, 10.–13. 8. 1919
Sitzend 2. v. li.: Änne Espagne; stehend li.: P. Epiphanius, dahinter Kaplan Eiffler, Pforzheim; darunter Klemens Neumann; ganz oben Bernhard Strehler; weiter unten re.: Hermann Hoffmann.

Der zweite deutsche Quickborntag, 7.–11. 8. 1920
Gruppenaufnahme, unter der Bezeichnung „Proletentisch“ humorvoll inszeniert (hier unter der alten Linde beim inneren Burgtor). In der Mitte stehend: P. Elpidius Weiergans OFM (auch „Abstinenzapostel“ genannt).
Re. hinter ihm: Helene Weber, die spätere Zentrumsabgeordnete im preußischen Landtag und Reichstag.

Burg Rothenfels, Westfalenzimmer, heute Bibliothek, „Hermann-Hoffmann-Raum“, mit Blick durch „Klemens-Neumann-Raum“ (davor: Barocksälchen, Sakristei u. Musikraum) in den Rittersaal.

Klemens Neumann, der „Spielmann Gottes“.

Romano Guardini.

Bernhard Strehler.

Nathan Söderblom.

Pius Parsch.

Ferdinand Piontek.

Alfons Maria Wachsmann.

Bernhard Lichtenberg.

Adolf Kardinal Bertram.

Max Josef Metzger.

Hoffmanns Wohnung in Leipzig, Peterssteinweg 17.

Die Kapelle im Peterssteinweg.

Hermann Hoffmann mit Kardinal Wyszyński, Primas von Polen.

Otto Spülbeck.

Ernst Pfeiffer.

Dedo Müller.

Ernst Sommerlath.

Friedrich Siegmund-Schultze.

Josef Gülden.

Hermann Hoffmann mit Werner Becker.

Nach dem Vortrag im Leipziger
Bischof-Legge-Haus.

PROFESSOR HOFFMANN OM STOCKHOLMSINTRYCKEN.

EN KATOLSK ALLIANS?

Icke otänkbart med en särskild katolsk fredsorganisation.

Karikatur von Hermann Hoffmann in der schwedischen Tageszeitung „Dagens Nyheter“, Stockholm, 9. August 1925.

Grabstein auf dem Leipziger Südfriedhof.